Michael Liening

Die Bilanzierung des Geschäfts- oder Firmenwertes (GoF)

Unterschiede in den Rechnungslegungssystemen nach HGB und IFRS

Diplomica Verlag GmbH

Liening, Michael: Die Bilanzierung des Geschäfts- oder Firmenwertes (GoF): Unterschiede in den Rechnungslegungssystemen nach HGB und IFRS. Hamburg, Diplomica Verlag GmbH 2013

Buch-ISBN: 978-3-8428-8823-4
PDF-eBook-ISBN: 978-3-8428-3823-9
Druck/Herstellung: Diplomica® Verlag GmbH, Hamburg, 2013

Bibliografische Information der Deutschen Nationalbibliothek:
Die Deutsche Nationalbibliothek verzeichnet diese Publikation in der Deutschen Nationalbibliografie; detaillierte bibliografische Daten sind im Internet über http://dnb.d-nb.de abrufbar.

© Diplomica Verlag GmbH
Hermannstal 119k, 22119 Hamburg
http://www.diplomica-verlag.de, Hamburg 2013
Printed in Germany

INHALTSVERZEICHNIS

ABKÜRZUNGSVERZEICHNIS

Abb.	Abbildung
Abs.	Absatz
Absch.	Abschreibungen
A-Belastung	Abschreibungsbelastung
AG	Aktiengesellschaft
AK	Anschaffungskosten
Aufl.	Auflage
AV	Anlagevermögen
Beteiligungsprop.	Beteiligungsproportional
BGBl	Bundesgesetzblatt
BilMoG	Bilanzrechtsmodernisierungsgesetz
BMJ	Bundesministerium der Justiz
BR-Drucks.	Bundesrats-Drucksache
BS	Bilanzsumme
BT-Drucks.	Bundestags-Drucksache
BW	Buchwerte
bzw.	beziehungsweise
ca.	circa
DAX	Deutscher Aktienindex
DB	Der Betrieb
Diss.	Dissertation
DRS	Deutscher Rechnungslegungsstandard
DRSC	Deutsches Rechnungslegungsstandard Committee
Dtld.	Deutschland
EK	Eigenkapital
engl.	Englisch
F.	Framework
FK	Fremdkapital
GE	Geldeinheiten
gem.	gemäß
GmbH	Gesellschaft mit beschränkter Haftung
GoB	Grundsätze ordnungsmäßiger Buchführung
GoF	Geschäfts- oder Firmenwert
GuV	Gewinn- und Verlustrechnung

HGB	Handelsgesetzbuch
HK	Herstellungskosten
Hrsg.	Herausgeber
IASB	International Accounting Standard Board
IDW	Institut der Wirtschaftsprüfer
IFRS	International Financial Reporting Standards
inkl.	inklusive
insb.	insbesondere
Int.	Internet
i. S. d	im Sinne des
i. V. m	in Verbindung mit
JA	Jahresanfang
JE	Jahresergebnis
KoR	Zeitschrift für internationale und kapitalmarktori-entierte Rechnungslegung
M&A	Mergers and Acquisitions
MDAX	Mid-Cap-Deutscher Aktienindex
m. W. v.	mit Wirkung vom
NACE	Nomenclature generale des activites economiques dans les Communautes Europeennes
PiR	Praxis der internationalen Rechnungslegung
PwC	PricewaterhouseCoopers
QW-Klasse	Qualitätswertklasse
RGBl	Reichsgesetzblatt
S.	Seite
SDAX	Small-Cap-Deutscher Aktienindex
Std. Abw.	Standardabweichung
StuB	Steuern und Bilanzen
T€	Tausend Euro
Tec-DAX	Technologie-Werte-Deutscher Aktienindex
u. a.	und andere
Untern.	Unternehmen
URL	Uniform Resource Locator
UV	Umlaufvermögen
VG	Vermögensgegenstände
VW	Vermögenswerte

vgl.	vergleiche
vs.	versus
z. B.	zum Beispiel
ZMGE	zahlungsmittelgenerierende Einheit

ABBILDUNGSVERZEICHNIS

TABELLENVERZEICHNIS

1 Einleitung

1.1 Problemstellung

Der Geschäfts- oder Firmenwert (im Folgenden auch „GoF" genannt) ist ein Hoffnungswert. Werden Unternehmen erworben, so wird häufig ein Teil des Kaufpreises bezahlt, der über dem beizulegenden Zeitwert der einzelnen Vermögensgegenstände/-werte und Schulden liegt. Dieser Mehrpreis beruht in der Hoffnung, z. B. durch Integration der erworbenen Prozesse in die bestehenden Strukturen auf Seiten des Erwerbers, Synergien zu erzeugen und einen entsprechenden Mehrwert zu schaffen.[1]

Im Zuge der Globalisierung und der damit einhergehenden fortschreitenden Vernetzung von Unternehmen über nationale Grenzen hinweg, ist ein zunehmender Anstieg an Unternehmensakquisitionen festzustellen.[2] Allein in der Telekommunikationsbranche (weltweit) stieg das Volumen der angekündigten Mergers & Acquisitions Transaktionen im Jahr 2010 gegenüber 2009 um 38 %.[3] Dies begründet unter anderem den, auch bei deutschen Unternehmen, immer wichtiger werdenden Stellenwert der Bilanzierung des GoFs.[4]

Durch die in § 315a HGB kodifizierte Vorschrift, die seit dem Jahre 2005 kapitalmarktorientierte Unternehmen in Deutschland dazu verpflichtet, ihre Konzernabschlüsse nach internationalen Standards (überwiegend IFRS) aufzustellen, werden diese auch in Bezug auf die Bilanzierung des GoFs immer wichtiger.[5] Trotzdem kann der Stellenwert der nationalen Rechnungslegung nach dem HGB nicht vernachlässigt werden. Vor allem bei nicht kapitalmarktorientierten Unternehmen wird der Konzernabschluss häufig noch auf Grundlage des HGBs aufgestellt. Zudem sind Unternehmen in Deutschland stets dazu verpflichtet, den jeweiligen Jahresabschluss nach Maßgabe des HGBs aufzustellen.[6] Der nationalen Rechnungslegung ist somit, auch im Hinblick auf die Bilanzierung des GoFs, ein nicht zu vernachlässigender Stellenwert zuzusprechen.

---

[1] Vgl. Böckem/Schlögel (Goodwillbewertung), 2011, S. 182.
[2] Vgl. Küting/Koch (Globalisierung), 2003, S. 49.
[3] Vgl. Spanninger (M&A), 2011, S. 50.
[4] Vgl. Küting/Koch (Globalisierung), 2003, S. 49.
[5] Vgl. Aschfalk-Evertz (Internationale Rechnungslegung), 2011, S. 1.
[6] Vgl. Zimmermann/Werner/Hitz (Bilanzierung), 2011, S. 23.

„Die Telekom hat Konkurrenten meist zum denkbar schlechtesten Zeitpunkt übernommen - wenn der Kurs besonders hoch war. Deshalb stehen in ihren Büchern hohe Firmenwerte, im Fachjargon Goodwill genannt". [7]

Unter allen deutschen Unternehmen weist die Telekom AG den absolut höchsten GoF aus. [8] Eine Studie der PricewaterhouseCoopers AG des Jahres 2011 hat zudem ergeben, dass der GoF seit dem Jahre 2006 einen immer höheren Stellenwert in den Bilanzen der Unternehmen der gesamten Telekommunikationsbranche einnimmt und in Bezug zur Bilanzsumme über dem Durchschnitt vieler anderer Branchen liegt. [9]

So zeigen Teile der empirischen Analyse dieses Buches, dass der bilanzierte GoF bei ausgewählten Unternehmen der Telekommunikationsbranche knapp die Hälfte der Bilanzsumme ausmachen kann. Bei einigen Unternehmen übersteigt der GoF das Eigenkapital sogar um ein Vielfaches. Allein diese Indikatoren weisen auf eine erhöhte Relevanz der GoF-Bilanzierung innerhalb der Telekommunikationsbranche hin.

Den unterschiedlichen Zielsetzungen des jeweiligen Rechnungslegungssystems entsprechend, unterscheidet sich die bilanzielle Behandlung des GoFs nach HGB oder IFRS. Mit Bezug auf die zuvor geschilderte hohe Bedeutung des GoFs können die unterschiedlichen Regelungen somit erhebliche Auswirkungen auf die im Jahres- bzw. Konzernabschluss dargestellte Vermögens-, Finanz- und Ertragslage haben. [10]

1.2 Zielsetzung und Aufbau des Buches

Das vorliegende Buch verfolgt das Ziel, die Unterschiede der Bilanzierung des GoFs im Hinblick auf die unterschiedlichen Rechnungslegungssysteme nach HGB und IFRS grundlegend zu erläutern. Differenziert nach dem jeweiligen Rechnungslegungssystem soll anschließend eine Beurteilung der Bilanzierung des GoFs anhand ausgewählter Unternehmen der Telekommunikationsbranche erfolgen.

Zur Erreichung dieses Ziels werden zunächst die betriebswirtschaftlich relevanten Grundlagen erläutert, die für das weitere Verständnis des vorliegenden

---

[7] Vgl. Hennes/Louven (Telekom), 2010.
[8] Voss (Telekom AG), 2012.
[9] Vgl. PwC AG (Studie), 2011, S. 14.
[10] Vgl. Dengl (Auswirkungen), 2003.

Buches erforderlich sind. Neben einer ausführlichen Begriffsabgrenzung wird dabei vor allem auf das Entstehen des GoFs im Jahres- und Konzernabschluss eingegangen.

Im Anschluss daran werden die relevanten Vorschriften zur Bilanzierung des GoFs sowohl nach den Vorschriften des HGBs als auch der IFRS dargestellt. Dies beinhaltet vor allem die Erläuterung der einschlägigen Ansatz-, Bewertungs- und Ausweisvorschriften beider Rechnungslegungssysteme. Während dabei im Rahmen der handelsrechtlichen Rechnungslegung sowohl auf die Regelungen des Jahres- und Konzernabschlusses eingegangen wird, findet auf Ebene der Rechnungslegung nach IFRS, aufgrund der untergeordneten Rolle von IFRS-Jahresabschlüssen, eine Beschränkung auf den Konzernabschluss statt.

Auf Grundlage der theoretischen Vergleichsdarstellung der Bilanzierung des GoFs erfolgt eine empirische Analyse anhand ausgewählter Unternehmen der Telekommunikationsbranche. Dabei werden sowohl fünf Unternehmen, die nach den Vorschriften des HGBs bilanzieren als auch fünf Unternehmen, die nach den Vorschriften der IFRS bilanzieren, untersucht. Nach einer Analyse der bilanziellen Bedeutung des GoFs wird im Anschluss auf die Auswirkungen der verschiedenen Vorschriften zur Folgebewertung eingegangen.

Aufgrund der Tatsache, dass der Jahres- bzw. Konzernabschluss für externe Adressaten die einzige Informationsquelle ist, die zur Beurteilung der Bilanzierung des Geschäfts- oder Firmenwertes herangezogen werden kann, wird in einem letzten Schritt das Publizitätsverhalten bezogen auf die Bilanzierung des GoFs untersucht. Dazu werden die potentiell zu erbringenden Sollangaben zunächst in Form einer Checkliste rechnungslegungsindividuell zusammengefasst. Anschließend erfolgt auf Basis der ermittelten Checklisten ein Soll-Ist-Abgleich des tatsächlich erbrachten Publizitätsverhaltens.

Auf Grundlage der Theorie sowie der empirischen Befunde werden die gewonnenen Ergebnisse abschließend einer kritischen Würdigung unterzogen.

2 Betriebswirtschaftlich relevante Grundlagen

2.1 Originärer und derivativer Geschäfts- oder Firmenwert

Der GoF ist ein immaterieller Vermögensgegenstand[11], welcher vor allem durch das Fehlen seiner körperlichen Fassbarkeit gekennzeichnet ist.[12] Aufgrund dieser Eigenschaft ergibt sich in der Bilanzierungspraxis ein Mess- und Objektivierungsproblem, welches die Bilanzierung des GoFs erschwert und eine Unterscheidung zwischen dem originär geschaffenen sowie dem derivativ erworbenen GoF erfordert.[13]

Der originäre GoF bezeichnet die Differenz zwischen dem Ertrags- und dem Substanzwert eines Unternehmens.[14] Diesbezüglich versteht man unter dem Substanzwert die Summe aller Einzelwerte der in einem Unternehmen vorhandenen Vermögensgegenstände und Schulden (inklusive der Berücksichtigung stiller Reserven). Im Gegensatz dazu berücksichtigt der Ertragswert alle zukünftigen Nettozahlungen, die einem Investor aus der Unternehmung in Zukunft zufließen werden.[15] Die Wertdifferenz entsteht im Laufe der Unternehmenstätigkeit durch den kontinuierlichen Auf- und Ausbau unternehmensinterner Wertkomponenten. Dazu gehören beispielsweise Kundenstämme, das Know-how der Mitarbeiter, die effiziente Organisation eines Unternehmens oder auch die Kontakte des Firmeninhabers.[16]

Im Gegensatz zum originären GoF wird der derivative GoF durch den entgeltlichen Erwerb eines anderen Unternehmens erworben und ergibt sich als Differenz zwischen dem entrichteten Entgelt und dem Zeitwert des übernommenen Vermögens abzüglich der Schulden.[17] Der mit dem Erwerb verbundene zu zahlende Kaufpreis objektiviert den zuvor beschriebenen originären GoF des akquirierten Unternehmens und macht diesen, zumindest teilweise, derivativ. Der derivative GoF ist nämlich kleiner, wenn der Käufer den im erworbenen Unternehmen vorhandenen originären GoF nicht voll vergütet, weil er ihn z. B. niedriger einschätzt. Er ist größer, wenn der Erwerber zusätzlichen Nutzen in

---

[11] Der handelsrechtliche Begriff des Vermögensgegenstandes gilt für die Kapitel 2.1 bis 2.3 entsprechend für den Begriff Vermögenswert (IFRS).
[12] Vgl. Baetge/Kirsch/Thiele (Bilanzen), 2011, S. 237.
[13] Vgl. Haaker (Konvergenz), 2008, S. 62.
[14] Vgl. Obermeier/Gasper (Investitionsrechnung), 2008, S. 171.
[15] Vgl. Hugentobler/Blattner/Winterhalter (Finanzmanagement), 2007, S. 495.
[16] Vgl. Baetge/Kirsch/Thiele (Bilanzen), 2011, S. 239.
[17] Vgl. Buchholz (Grundzüge Jahresabschluss), 2011, S. 49.

ihm erkennt und somit bereit ist, die aus seiner Sicht daraus resultierenden Erträge zu entgelten.[18]

2.2 Negativer Geschäfts- oder Firmenwert

Der in Kapitel 2.1 dargestellte originäre bzw. derivative GoF kann rechnerisch sowohl positiv als auch negativ sein. Ein negativer Geschäfts- oder Firmenwert entsteht auf originärer Ebene, zumindest theoretisch, immer dann, wenn der zukünftige Ertragswert einer Unternehmung unter dem Substanzwert liegt.

Im Gegensatz dazu entsteht ein negativer derivativer GoF, wenn die von dem übernehmenden Unternehmen erbrachte Gegenleistung geringer ist, als die von dem akquirierten Unternehmen in Form des Nettovermögens zum Zeitpunkt der Übernahme erbrachten Leistung. Im Regelfall besteht die Gegenleistung dabei in den Anschaffungskosten des übernommenen Unternehmens.[19] Das für die Bestimmung des Geschäfts- oder Firmenwertes zu berücksichtigende Nettovermögen ergibt sich als Differenz zwischen der Summe der Vermögensgegenstände und der Summe der Schulden zu Zeitwerten.[20]

Das Entstehen eines negativen Geschäfts- oder Firmenwert kann primär auf folgende Sachverhalte zurückgeführt werden:

1. In dem Kaufpreis für das erworbene Unternehmen wurden pessimistische Zukunftserwartungen berücksichtigt, die z. B. auf einer mangelnden Ertragskraft, konkreten Verlusterwartungen und/oder erwarteten Sanierungsaufwendungen beruhen (engl. „Badwill").
2. Die negative Wertdifferenz zwischen Gegenleistung und Nettovermögen ist auf das besondere Verhandlungsgeschick oder die Verhandlungsposition des Unternehmenserwerbers zurückzuführen. Das Resultat ist ein günstiger Kauf (engl. „Lucky Buy").
3. Gewinne des erworbenen Unternehmens, welche zwischen dem Erwerbszeitpunkt und der erstmaligen Konsolidierung thesauriert werden, können zu einem höheren Eigenkapital als im Erwerbszeitpunkt führen. Rechnerisch ist somit eine negative Aufrechnungsdifferenz zum Konsolidierungszeitpunkt möglich.[21]

---

[18] Vgl. Busse von Colbe u. a. (Konzernabschlüsse), 2010, S. 236.
[19] Vgl. Scherrer (Rechnungslegung HGB), 2011, S. 61.
[20] Vgl. Baetge/Kirsch/Thiele (Bilanzen), 2011, S. 81.
[21] Vgl. Küting/Stampa (Firmenwert), 2010, S. 12-13.

2.3 Entstehung des Geschäfts- oder Firmenwertes im Jahres- und Konzernabschluss

Der GoF kann sowohl im Jahres- als auch im Konzernabschluss einer Unternehmung entstehen. Die sich für das Unternehmen durch den Zusammenschluss mit einem anderen Unternehmen ergebenden bilanziellen Konsequenzen hängen dabei von der Ausgestaltung der Transaktion des Unternehmenszusammenschlusses ab.[22] Im Hinblick auf das Verständnis der empirischen Analyse, bei der sowohl Jahres- als auch Konzernabschlüsse Berücksichtigung finden, sollen die unterschiedlichen Entstehungsweisen in diesem Kapitel erläutert werden.

Werden alle Vermögensgegenstände und Schulden eines Unternehmens einzeln erworben (Vielzahl von Einzelübertragungen), so liegt stets ein sogenannter Asset Deal vor. Dabei wird durch die Übernahme von Vermögensgegenständen und Schulden die Bilanz des erwerbenden Unternehmens direkt berührt. Dies hat zur Folge, dass die sich daraus ergebenden bilanziellen Veränderungen im Jahresabschluss abzubilden sind. Konsequenterweise entsteht kein Konzernverbund, da sich der Erwerb nicht auf das Kapital des Erworbenen bezieht. Diese Charakteristika bewirken, dass ein potentieller GoF im Jahresabschluss des erwerbenden Unternehmens zu bilanzieren ist, welches im Folgenden veranschaulicht wird.[23]

Beispiel 1: Asset Deal

- A-AG schließt einen Kaufvertrag mit der B-GmbH über alle Vermögensgegenstände zum 31.12.2012 und verpflichtet sich zur Übernahme aller Schulden
- Kaufpreis/Zahlung: 500 T€
- Stille Reserven: 100 T€ im Anlagevermögen der B-GmbH

Bilanz *B-GmbH* zum **31.12.2012** (BW, T€)

AV	200	EK	175
UV	100	FK	125
Σ	300	Σ	300

Bilanz* *A-AG* zum **31.12.2012** (BW, T€)

AV	1.200	EK	1.300
UV	1.500	FK	1.400
Σ	2.700	Σ	2.700

*vor Erwerb

---

[22] Vgl. Beck/Klar (Unternehmenszusammenschluss), 2007, S. 2819.
[23] Vgl. Coenenberg/Haller/Schultze (Jahresabschluss), 2012, S. 668.

Bilanz A-*AG* zum **31.12.2012 nach Erwerb** (T€)			
AV	1.500	EK	1.300
GoF	225	FK	1.525
UV	1.100		
Σ	2.825	Σ	2.825

Abb. 1: Bilanzielle Abbildung eines Asset Deals
Quelle: Eigene Darstellung

Die Berechnung des Geschäfts- oder Firmenwertes gestaltet sich dabei wie folgt:

Kaufpreis:	500 T€
./. Vermögenswerte der B-GmbH (zu Buchwerten)	300 T€
./. Stille Reserven im Anlagevermögen der B-GmbH	100 T€
+ Schulden der B-GmbH	125 T€
= Geschäfts- oder Firmenwert	**225 T€**

Das obige Beispiel verdeutlicht, dass im Rahmen eines Asset Deals alle Vermögensgegenstände und Schulden mit ihren Anschaffungskosten (beizulegende Zeitwerte) in den Jahresabschluss des erwerbenden Unternehmens eingehen. Der Unterschiedsbetrag zwischen dem Kaufpreis und der Differenz zwischen Vermögensgegenständen und Schulden zu Zeitwerten ist als GoF auf der Aktivseite der Bilanz auszuweisen.[24]

Im Gegensatz dazu bewirkt ein sogenannter Share Deal einen Unternehmenszusammenschluss durch den Erwerb von Eigenkapitalanteilen. Ein sich aus der Akquisition potentiell ergebender GoF wird dabei nicht im Jahresabschluss ausgewiesen, da innerhalb des Jahresabschlusses aus bilanztechnischer Sicht ein Aktivtausch vorliegt (Beteiligungen an Bank).[25] Dabei bleibt die Rechtspersönlichkeit des erworbenen Unternehmens erhalten. Jedoch wird durch eine solche Aktivierung regelmäßig eine Konzernbeziehung begründet, welche in der Regel zu einem Mutter-Tochter-Verhältnis führt. Der Ausweis des GoFs erfolgt dementsprechend im Rahmen der Kapitalkonsolidierung im Konzernabschluss.[26]

---

[24] Vgl. Coenenberg/Haller/Schultze (Jahresabschluss), 2012, S. 668.
[25] Vgl. Buchholz (Internationale Rechnungslegung), 2005, S. 74.
[26] Vgl. Schmidt (Goodwillbilanzierung), 2002, S. 29.

7

Zur Erlangung eines grundlegenden Verständnisses soll die Entstehung des GoFs im Rahmen der Kapitalkonsolidierung anhand des folgenden Beispiels verdeutlicht werden. Aus Vereinfachungsgründen wird hierbei auf den Jahresabschluss der B-GmbH des vorherigen Beispiels zurückgegriffen sowie auf stille Reserven und Lasten verzichtet.

Beispiel 2: Share Deal

- Erwerb einer 100 % Beteiligung der A-AG (Mutterunternehmen) an der B-GmbH (Tochterunternehmen) zum 31.12.2012
- Kaufpreis der 100 % Beteiligung: 500 T€

Bilanz B-GmbH zum **31.12.2012** (BW, T€)				Bilanz* A-AG zum **31.12.2012** (BW, T€)			
AV	200	EK	175	AV	1.200	EK	1.300
UV	100	FK	125	Beteiligung an B-GmbH	500	FK	1.400
				UV	1.000		
Σ	300	Σ	300	Σ	2.700	Σ	2.700
							*vor Erwerb

31.12.2012, T€	A-AG	B-GmbH	Summenbilanz	Konsolidierung	Konzernbilanz
AV	1.200	200	1.400		1.400
Beteiligung an B-GmbH	500	-	500	500	-
UV	1.000	100	1.100		1.100
GoF	-	-	-	325	325
EK	1.300	175	1.475	175	1.300
FK	1.400	125	1.525		1.525
Summe	2.700;2700	300;300	3.000;3.000		2.825;2.825

Abb. 2: Bilanzielle Abbildung eines Share Deals
Quelle: Eigene Darstellung

Im Rahmen der Kapitalkonsolidierung werden die Anteile der A-AG an der B-GmbH gegen das Eigenkapital der B-GmbH aufgerechnet und alle Vermögensgegenstände und Schulden, die durch den Anteilserwerb repräsentiert werden, als eigenständige Abschlussposten in den Konzernabschluss aufgenommen. Die wirtschaftliche Einheit wird durch die Kapitalkonsolidierung demnach so dargestellt, als wäre der Unternehmenszusammenschluss im Zuge eines Asset Deals erfolgt.[27] Der derivative GoF ergibt sich in diesem Falle als Differenz aus dem Buchwert der Beteiligung und dem (neu bewerteten) Eigenkapital der B-GmbH.[28]

---

[27] Vgl. Coenenberg/Haller/Schultze (Jahresabschluss), 2012, S. 608.
[28] Vgl. Müller (Bilanzkommentar), 2010, S. 1673.

3 Bilanzierung des Geschäfts- oder Firmenwertes nach dem HGB

3.1 Ziele und Grundsätze des HGB-Abschlusses

Der handelsrechtliche Jahresabschluss als Bestandteil einer Rechtsordnung dient dazu, Konflikte zwischen verschiedenen Interessengruppen zu schlichten.[29] Dies impliziert eine multiple Zielsetzung. Grundsätzlich unterliegt der handelsrechtliche Jahresabschluss dabei jedoch keiner Zieldefinition. Die Zielidentifikation erfolgt deshalb aufgrund der handelsrechtlichen Grundsätze ordnungsmäßiger Buchführung (GoB).[30] Dabei unterscheiden sich die primären Ziele des Jahresabschlusses von denen des Konzernabschlusses.[31]

Auf Ebene des Jahresabschlusses lassen sich aus den verschiedenen gesetzlichen Vorschriften des Handelsgesetzbuches primär drei grundlegende Ziele ableiten. An erster Stelle ist dabei die Dokumentationsfunktion zu nennen, welche sich aus dem Wortlaut des § 238 Abs. 1 HGB ergibt. Die in diesem Zusammenhang stehende Aufzeichnung der erfolgten Transaktionen ist eine grundlegende Voraussetzung, damit der Jahresabschluss als verlässliche Informationsquelle angesehen werden kann.[32]

Des Weiteren hat der Jahresabschluss den Zweck, sowohl externen als auch internen Adressaten, Rechenschaft über die Vermögens-, Finanz-, und Ertragslage abzulegen. Er dient somit zur Information und Rechtfertigung der Geschäftstätigkeit, der Verwendung des anvertrauten Kapitals sowie des wirtschaftlichen Erfolgs der Unternehmung.[33]

Zuletzt sollen die Gläubiger durch eine Beschränkung des an die Eigner auszuschüttenden Betrages (Kapitalerhaltung) geschützt werden.[34] Diesem Ziel kommen die handelsrechtlichen Rechnungslegungsvorschriften unter anderem durch Ausschüttungsbeschränkungen, Bewertungsobergrenzen oder auch Ausschüttungssperren nach.[35] Der Jahresabschluss bildet somit die Grundlage zur Zahlungsbemessung einer Unternehmung.[36]

---

[29] Vgl. Coenenberg/Haller/Schultze (Jahresabschluss), 2012, S. 16-17.
[30] Vgl. Baetge/Kirsch/Thiele (Bilanzen), 2011, S. 92.
[31] Vgl. Küting/Pfitzer/Weber (IFRS oder HGB), 2013, S. 6-10.
[32] Vgl. Aschfalk-Evertz (Internationale Rechnungslegung), 2011, S. 6.
[33] Vgl. Heno (Jahresabschluss), 2011, S. 10-11.
[34] Vgl. Küting/Pfitzer/Weber (IFRS oder HGB), 2013, S. 8-9.
[35] Vgl. Heno (Jahresabschluss), 2011, S. 13.
[36] Vgl. Bitz/Schneeloch/Wittstock (Jahresabschluss), 2011, S. 48.

Der Konzernabschluss hat nach § 297 Abs. 2 S. 2 HGB die Funktion, ein den tatsächlichen Verhältnissen entsprechendes Bild der Vermögens-, Finanz- und Ertragslage des Konzerns zu vermitteln. Im Vergleich zum Jahresabschluss hat er deshalb lediglich eine Informationsfunktion, nicht jedoch eine Zahlungsbemessungsfunktion. Aufgrund dessen ist es möglich, auf Ebene des Konzernabschlusses andere Rechnungslegungsvorschriften wie z. B. die IFRS zu adaptieren.[37]

3.2 Originärer Geschäfts- oder Firmenwert

Ob ein Vermögensgegenstand in die Bilanz aufzunehmen ist, richtet sich grundsätzlich nach der allgemeinen handelsrechtlichen Aktivierungskonzeption.[38] Dazu muss zunächst die abstrakte Aktivierungsfähigkeit gem. § 246 Abs. 1 HGB erfüllt sein. Diese ist gegeben, wenn von einem Vermögensgegenstand ausgegangen werden kann. Aufgrund der nicht vorhandenen gesetzlichen Definition des Begriffs „Vermögensgegenstand" erfolgt eine Charakterisierung nach den GoB.[39] Eine Klassifizierung als Vermögensgegenstand hat demnach nur zu erfolgen, wenn er selbständig verwertbar ist und deshalb Schuldendeckungspotential aufweist.[40]

Als zweiten Schritt darf es im Sinne der konkreten Aktivierungsfähigkeit gem. § 248 Abs. 2 HGB zu keinem expliziten Aktivierungsverbot kommen.[41]

Der originäre GoF bildet ein Konglomerat aus vielen verschiedenen Wertkomponenten. Deshalb lassen sich ihm etwaige Herstellungskosten nicht zweifelsfrei zurechnen. Die Abgrenzung zwischen den zu aktivierenden Aufwendungen und den für die Entwicklung des Unternehmens in seiner Gesamtheit aufzubringenden Aufwendungen ist deshalb schwierig bzw. unmöglich.[42] Dies führt dazu, dass der GoF, welcher fest an das Unternehmen gebunden ist, nicht losgelöst von diesem veräußert werden kann.[43] Aufgrund dieser Eigenschaft kann dem originären GoF die Eigenschaft eines Vermögensgegenstandes nicht zugesprochen werden. Es ergibt sich somit nach § 246 Abs. 1 S. 1 HGB ein abstraktes Aktivierungsverbot, was dazu führt, dass § 248 Abs. 2

---

[37] Vgl. Coenenberg/Haller/Schultze (Jahresabschluss), 2012, S. 609.
[38] Vgl. Kirsch (Immaterielles Anlagevermögen), 2011, S. 65.
[39] Vgl. Möller/Hüfner (Buchführung), 2009, S. 80.
[40] Vgl. Kirsch (Immaterielles Anlagevermögen), 2011, S. 65.
[41] Vgl. Bieg/Kußmaul/Waschbusch (Externes Rechnungswesen), 2012, S. 78-79.
[42] Vgl. Philipps (Rechnungslegung), 2010, S. 67.
[43] Vgl. Heno (Jahresabschluss), 2011, S. 110.

HGB nicht greift.[44] Der originäre Geschäfts- oder Firmenwert ist in der Bilanz nicht anzusetzen.

3.3 Derivativer Geschäfts- oder Firmenwert

Gemäß den handelsrechtlichen Vorschriften handelt es sich bei dem entgeltlich erworbenen, derivativen Geschäfts- oder Firmenwert, um einen Unterschiedsbetrag im Sinne einer Mehrzahlung des erwerbenden Unternehmens. Diese ergibt sich aus der Höhe der Differenz zwischen der Zahlung des erwerbenden Unternehmens und dem Nettovermögen des übernommenen Unternehmens zum beizulegenden Zeitwert.[45]

3.3.1 Ansatz im Jahres- und Konzernabschluss

Ein möglicher Ansatz des derivativen GoFs setzt, analog zur Vorgehensweise des originären GoFs, zunächst das Vorliegen der abstrakten Aktivierungsfähigkeit voraus, welche sich nach dem § 246 Abs. 1 S. 1 HGB ergibt.[46] Ob der derivative GoF handelsrechtlich einen Vermögensgegenstand darstellt ist umstritten [47] und primär auf die nicht eindeutig vorhandene gesetzliche Definition des Begriffs „Vermögensgegenstand" zurückzuführen.[48]

Der derivative GoF als eigentliche Restgröße, d. h. als Summe aller nicht greifbaren immateriellen Vorteile ist nicht einzeln veräußerbar. Folglich kann ihm die Eigenschaft eines Vermögensgegenstandes nicht zugesprochen werden was dazu führt, dass die abstrakte Aktivierungsfähigkeit ausbleibt. Gemäß § 246 Abs.1 S. 4 HGB fingiert der Gesetzgeber jedoch einen zeitlich begrenzt nutzbaren Vermögensgegenstand (...*gilt* als zeitlich begrenzt nutzbarer Vermögensgegenstand). Unabhängig von der Erfüllung der allgemeinen Aktivierungskonzeption des HGBs, verpflichtet diese Spezialregelung gemäß dem Grundsatz *lex specialis derogat legi generali*[49] zur Aktivierung des derivativen GoFs in der Handelsbilanz.[50]

Die Legaldefinition des § 246 Abs. 1 S. 4 HGB gilt über den § 298 Abs. 1 HGB entsprechend auch für den im Rahmen der Konsolidierung im Konzernab-

---

[44] Vgl. Heno (Jahresabschluss), 2011, S. 225.
[45] Vgl. Scherrer (Rechnungslegung HGB), 2011, S. 58.
[46] Vgl. Baetge/Kirsch/Thiele (Bilanzen), 2011, S. 156.
[47] Vgl. Heno (Jahresabschluss), 2011, S. 237.
[48] Vgl. Westerfelhaus (Vermögensgegenstand) , 1995, S. 885.
[49] Dieser Grundsatz besagt, dass ein Spezialgesetz, das einen Ausnahmefall regelt, einem allgemeinen Gesetz in der Anwendung vorgeht.
[50] Vgl. Heno (Jahresabschluss), 2011, S. 237.

schluss entstehenden GoF, weshalb hinsichtlich des bilanziellen Charakters auf die Ausführungen zum Jahresabschluss verwiesen werden kann.[51] Zudem verpflichtet die gesetzliche Vorschrift des § 301 Abs. 3 S. 1 HGB, welche sich speziell auf Konzernabschlüsse bezieht, zum Ansatz des sich im Konzernabschluss durch die Kapitalkonsolidierung ergebenden (positiven) derivativen GoFs.[52]

3.3.2 Erstbewertung

Wie in Kapitel 3.3.1 erläutert, gilt der derivative Geschäfts- oder Firmenwert gemäß gesetzlicher Fiktion als Vermögensgegenstand. Die Erstbewertung richtet sich demzufolge per § 253 Abs. 1 S. 1 HGB nach den Anschaffungskosten. Gemäß § 246 Abs. 1 HGB werden die Anschaffungskosten dabei, abweichend von deren üblichen Ermittlung, durch den aktiven Unterschiedsbetrag bestimmt. Dieser ergibt sich aus der Differenz zwischen der für die Übernahme des Unternehmens von dem Erwerber erbrachten Gegenleistung einerseits, abzüglich der vom Veräußerer bewirkten Leistung als Summe aus übernommenen Vermögensgegenständen und Schulden zu Zeitwerten andererseits.[53]

Die Bewertung der übernommenen Vermögensgegenstände und Schulden zu Zeitwerten sowie die Bestimmung der erbrachten Gegenleistung erfolgt sowohl nach den handelsrechtlichen als auch nach den internationalen Rechnungslegungsvorschriften (IFRS) im Zuge der Kaufpreisallokation (engl. Purchase Price Allocation).[54] Eine Kaufpreisallokation ist immer dann durchzuführen, wenn für ein Bündel von Vermögensgegenständen und Schulden ein Gesamtkaufpreis gezahlt wurde, der beim Erwerber für Zwecke der Rechnungslegung auf die erworbenen Vermögensgegenstände und Schulden zu verteilen ist (zur generellen Vorgehensweise siehe auch Kapitel 4.3.2.1).[55] Bei der Ermittlung der Zeitwerte ist dabei, unabhängig von den historischen AK/HK die in der Bilanz des übernommenen Unternehmens die Wertobergrenze darstellten[56], zwingend auf die Zeitwerte für den Zeitpunkt der Übernahme abzustellen.[57]

---

[51] Vgl. Dusemond (Bilanzrecht), 2009, S. 71.
[52] Vgl. Müller/Kreipel (Bilanzkommentar), 2010, S. 1623.
[53] Vgl. Scherrer (Rechnungslegung HGB), 2011, S. 62.
[54] Vgl. Castedello/Klingbeil (Kaufpreisallokation), 2008, S. 2.
[55] Vgl. Castedello/Klingbeil (Kaufpreisallokation), 2008, S. 2.
[56] Vgl. Müller (Bilanzkommentar), 2010, S. 1652.
[57] Vgl. Baetge/Kirsch/Thiele (Bilanzen), 2011, S. 255.

Erfolgt der Unternehmenszusammenschluss durch einen Beteiligungserwerb, ist dieser im Rahmen einer Erstkonsolidierung durch die Erwerbsmethode in einen Asset Deal umzudeuten (grundlegende Vorgehensweise siehe Beispiel 2).[58] Gemäß § 301 Abs. 1 HGB werden die Vermögensgegenstände und Schulden des übernommenen Unternehmens nach Maßgabe der in der Kaufpreisallokation abgeleiteten Marktwerte neu bewertet (Neubewertungsmethode). Bei einer Beteiligung von weniger als 100 % ist zudem der Teil des Eigenkapitals des übernommenen Unternehmens zu berücksichtigen, der nicht vom Konzernunternehmen gehalten wird (Minderheitenanteile).[59] Die Höhe des Wertansatzes ergibt sich, indem der Minderheitenanteil mit dem neubewerteten Eigenkapital des Tochterunternehmens multipliziert wird.[60] Somit findet der auf die Minderheiten entfallene GoF keine Berücksichtigung. Vielmehr wird der GoF beteiligungsproportional entsprechend der Differenz aus Beteiligungsbuchwert und anteilig neubewertetem Eigenkapital ermittelt. [61]

3.3.3 Folgebewertung

Grundsätzlich ist im Handelsrecht auch im Hinblick auf die Folgebewertung zwischen dem derivativen GoF des Jahresabschlusses und dem derivativen GoF des Konzernabschlusses zu unterscheiden. Jedoch besagt der § 309 Abs. 1 HGB, dass sich die Folgebewertung eines aus der Kapitalkonsolidierung entstehenden Unterschiedsbetrages (GoF im Konzernabschluss) nach den Vorschriften des ersten Abschnitts des HGBs zu richten hat. Die Behandlung des derivativen GoFs im Konzernabschluss gleicht somit dem des Jahresabschlusses.[62]

3.3.3.1 Planmäßige Abschreibung

Wie in den vorherigen Kapiteln erläutert, gilt der derivative GoF als zeitlich begrenzter Vermögensgegenstand. Somit ist dieser nach den allgemeinen Vorschriften des § 253 HGB zur Folgebewertung von Vermögensgegenständen planmäßig abzuschreiben.[63] Aus diesem Grund ist die Unternehmung, ebenso wie bei anderen Vermögensgegenständen, dazu verpflichtet, einen Abschreibungsplan aufzustellen, die Abschreibungsmethode festzulegen sowie die voraussichtliche Nutzungsdauer des derivativen GoFs zu schätzen.

---

[58] Vgl. Müller (Bilanzkommentar), 2010, S. 1652.
[59] Vgl. Müller/Kreipel (Anteile anderer Gesellschafter), 2010, S. 1799.
[60] Vgl. Baetge/Kirsch/Thiele (Konzernbilanzen), 2011, S. 191.
[61] Vgl. Coenenberg/Haller/Schultze (Jahresabschluss), 2012, S. 679.
[62] Vgl. Petersen/Zwirner (Konzernrechnungslegung HGB), 2009, S. 144.
[63] Vgl. Petersen/Zwirner (Konzernrechnungslegung HGB), 2009, S. 144.

Nach dem Regierungsentwurf (BT-Drucks. 16/10067) zum Bilanzrechtsmodernisierungsgesetz (BilMoG) hat sich die Schätzung nach der individuellen betrieblichen Nutzungsdauer des erworbenen GoFs, wie sie sich von der Geschäftsführung im Zeitpunkt der Aktivierung voraussehen lässt, zu richten.[64] Hierbei können folgende Anhaltspunkte zugrunde gelegt werden:

- die Art und die voraussichtliche Bestandsdauer des erworbenen Unternehmens,
- die Stabilität und Bestandsdauer der Branche des erworbenen Unternehmens,
- der Lebenszyklus der Produkte des erworbenen Unternehmens,
- die voraussichtliche Tätigkeit von wichtigen Mitarbeitern oder Mitarbeitergruppen für das erworbene Unternehmen,
- die voraussichtliche Dauer der Beherrschung des erworbenen Unternehmens.[65]

Ein konkretes Abschreibungsverfahren schreibt der Gesetzgeber nicht vor.[66] Bezogen auf den derivativen GoF ist dies jedoch in der Regel die Methode der linearen Abschreibung.[67]

Der Beginn der planmäßigen Abschreibung des derivativen GoFs ist gesetzlich nicht explizit geregelt. Durch die analoge Anwendung der allgemeinen Regeln zur Abschreibung von Anlagevermögen ist die Abschreibung des GoFs auf die Geschäftsjahre zu verteilen, in denen er voraussichtlich genutzt wird. Daraus ergibt sich der Beginn der Abschreibung im Jahr des Zugangs.[68]

3.3.3.2 Außerplanmäßige Abschreibung und Wertaufholungsverbot

Gemäß § 253 Abs. 3 HGB sind zusätzlich zu der planmäßigen Abschreibung gegebenenfalls auch außerplanmäßige Abschreibungen vorzunehmen.[69] Diesbezüglich ist der GoF, wie alle anderen Vermögensgegenstände auch, auf voraussichtlich dauernde Wertminderungen zu überprüfen. Das Vorliegen einer dauerhaften Wertminderung verpflichtet zur Vornahme außerplanmäßi-

---

[64] Vgl. Scherrer (Rechnungslegung HGB), 2011, S. 63.
[65] Vgl. BR-Drucks. 344/08, 2008, S. 103.
[66] Vgl. Küting/Pfitzer/Weber (IFRS oder HGB), 2013, S. 253.
[67] Vgl. Wöltje (Bilanzen lesen), 2011, S. 148.
[68] Vgl. Scherrer (Rechnungslegung HGB), 2011, S. 65.
[69] Vgl. Küting/Ellmann (Bilanzrecht), 2009, S. 286.

ger Abschreibungen auf den niedrigeren beizulegenden Wert.[70] Einen speziellen Werthaltigkeitstest sieht das HGB dabei nicht vor.[71]

Im Gegensatz zu anderen Vermögensgegenständen kodifiziert der Handelsgesetzgeber mit dem § 253 Abs. 5 S. 2 HGB ein explizites Wertaufholungsverbot des derivativen GoFs. Dies ist darauf zurückzuführen, dass dieser mit zunehmender Zeit durch den originären, selbst geschaffenen GoF, überlagert wird (Vermengung von derivativen und originären Bestandteilen des GoFs). Eventuelle Wertaufholungen könnten somit in der Geschäftstätigkeit des Unternehmens begründet liegen. Das Wertaufholungsverbot vermeidet dabei eine eventuelle Aktivierung von originären Komponenten und ist damit konform zu dem handelsrechtlichen Aktivierungsverbot des originären GoFs.[72]

3.3.4 Bilanzielle Behandlung des negativen derivativen Geschäfts- oder Firmenwertes

Wie in Kapitel 2.2 erläutert, besteht grundsätzlich die Möglichkeit, dass ein Unternehmenszusammenschluss zu dem Entstehen eines negativen derivativen GoFs führt. Bezüglich der weiteren bilanziellen Behandlung muss dabei zwischen dem Auftreten im Jahres- und Konzernabschluss unterschieden werden.

Grundsätzlich ist ein negativer GoF im Jahresabschluss nicht bilanzierungsfähig.[73] Aufgrund des in § 253 Abs. 1 S. 1 verankerten Anschaffungskostenprinzips schreibt das Handelsgesetz deshalb die Abstockung der übernommenen Aktivposten (Zeitwerte) mit Ausnahme der liquiden Mittel vor, sodass der Saldo der übernommenen Vermögensgegenstände und Schulden dem gezahlten Kaufpreis entspricht.[74] Verbleibt trotz Abstockung ein negativer GoF, so ist dessen weitere Behandlung umstritten. Einerseits besteht die Möglichkeit der direkten erfolgswirksamen Erfassung über die Gewinn- und Verlustrechnung (GuV). Auf der anderen Seite könnte der negative GoF im Falle eines „Badwills" jedoch auch solange passiviert werden, bis die erwarteten Verluste, die zur Entstehung des negativen GoFs geführt haben, eingetreten sind.[75]

---

[70] Vgl. BR-Drucks. 344/08, 2008, S. 124.
[71] Vgl. Küting/Pfitzer/Weber (IFRS oder HGB), 2013, S. 253.
[72] Vgl. BR-Drucks. 344/08, 2008, S. 124.
[73] Vgl. Ruhnke/Simons (Rechnungslegung), 2012, S. 470.
[74] Vgl. Ruhnke/Simons (Rechnungslegung), 2012, S. 470.
[75] Vgl. Noodt (Bilanzkommentar), 2010, S. 254.

Entsteht hingegen im Rahmen der Kapitalkonsolidierung (Konzernabschluss) durch den Vergleich des Beteiligungsbuchwertes mit dem anteiligen Eigenkapital des Tochterunternehmens ein negativer derivativer Geschäfts- oder Firmenwert, so ist dieser gemäß § 301 Abs. 3 S. 1 HGB zwingend als „Unterschiedsbetrag aus der Kapitalkonsolidierung" zu passivieren. Die weitere Behandlung des negativen Unterschiedsbetrags richtet sich dabei nach den Vorschriften des § 309 Abs. 2 HGB.[76] Die folgende Grafik veranschaulicht die vom Charakter des Unterschiedsbetrags (Kapitel 2.2) abhängigen Formen der Folgebewertung.

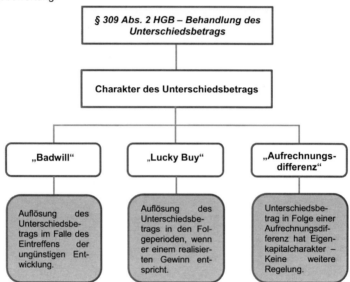

Abb. 3: Folgebewertung des Unterschiedsbetrags aus der Kapitalkonsolidierung
Quelle: Eigene Darstellung

3.4 Ausweis und Anhangangaben

Der bilanzielle Ausweis des (positiven) derivativen GoFs richtet sich nach der gesetzlichen Vorschrift des § 266 Abs. 2 HGB, welche sich sowohl auf den Jahres- als auch den Konzernabschluss bezieht (§ 298 Abs. 1 HGB i .V. m. § 266 Abs. 2 HGB). Demnach ist der GoF, bei Vorliegen einer großen oder mittelgroßen Kapitalgesellschaft i. S. d. § 267 Abs. 2 + 3 HGB, im Anlagevermögen als Unterposten der immateriellen Vermögensgegenstände als Geschäfts- oder Firmenwert auszuweisen. Entsteht im Jahresabschluss durch schlechte Zukunftserwartungen ein negativer GoF, so kann dieser gesondert auf der

---

[76] Vgl. Baetge/Kirsch/Thiele (Konzernbilanzen), 2011, S. 215.

Passivseite der Bilanz ausgewiesen werden.[77] Der Ausweis des Unterschiedsbetrags aus der Kapitalkonsolidierung erfolgt gem. § 301 Abs. 3 S. 1 HGB als eigenständiger Posten nach dem Konzerneigenkapital.[78]

Der handelsrechtliche Jahres- bzw. Konzernabschluss soll dem Bilanzadressaten ein den tatsächlichen Verhältnissen entsprechendes Bild der Vermögens-, Finanz- und Ertragslage des Unternehmens vermitteln.[79] In diesem Zusammenhang sind im Anhang bestimmte Positionen der Bilanz und der GuV näher zu erläutern oder zu ergänzen. Zur besseren Verständniserlangung der Bilanzierung des derivativen GoFs schreibt das Handelsgesetz diesbezüglich diverse Anhangangaben vor. Für Geschäftsjahre, die nach dem 31.12.2009 beginnen, ist im Zuge des BilMoG, gemäß § 285 Nr. 13 HGB (Jahresabschluss) bzw. § 314 Abs. 1 Nr. 20 HGB (Konzernabschluss), die Angabe der Gründe für die Annahme einer mehr als fünf Jahre dauernden betrieblichen Nutzungsdauer eines derivativen GoFs vorgesehen. Im Hinblick auf die noch folgende empirische Analyse ist zu erwähnen, dass diese Vorschrift ebenso für alle Geschäfts- oder Firmenwerte gilt, die noch nicht vollständig abgeschrieben sind und eine längere Nutzungsdauer als fünf Jahre aufweisen (Altfälle).[80] Des Weiteren sind gem. § 301 Abs. 3 S. 2 HGB (Konzernunternehmen) die als GoF ausgewiesenen Beträge, sowie ihre Veränderungen im Anhang zu erläutern.[81] Das DRSC konkretisiert diesen gesetzlichen Passus und fordert für Konzernunternehmen zusätzliche Angaben für erstmalig einbezogene Unternehmen (insb. zur Erst- und Folgebewertung, GuV-Wirkungen und Restrukturierungsrückstellungen), negative Unterschiedsbeträge und Unternehmensveräußerungen.[82]

4 Bilanzierung des Geschäfts- oder Firmenwertes nach den IFRS

4.1 Ziele und Grundsätze des IFRS-Abschlusses

„Zielsetzung von Abschlüssen ist es, Informationen über die Vermögens-, Finanz- und Ertragslage sowie Veränderungen in der Vermögens- und Finanz-

---

[77] Vgl. Noodt (Bilanzkommentar), 2010, S. 254.
[78] Vgl. Welling/Lewang (Unterschiedsbetrag), 2011, S. 2737.
[79] Vgl. Wöhe/Kußmaul (Buchführung), 2012, S. 38.
[80] Vgl. Warth & Klein Grant Thornton AG (BilMoG), 2010, S. 12.
[81] Vgl. Coenenberg/Haller/Schultze (Jahresabschluss), 2012, S. 682.
[82] Vgl. Müller (Bilanzkommentar), 2010, S. 1676-1677.

lage eines Unternehmens zu geben, die für einen weiten Adressatenkreis bei dessen wirtschaftlichen Entscheidungen nützlich sind" (F.12).[83]

Demnach legt das IASB, im Gegensatz zur handelsrechtlichen Rechnungslegung, die Zielsetzung der externen IFRS-Rechnungslegung ausschließlich auf die Vermittlung entscheidungsrelevanter Informationen für die Abschlussadressaten fest.[84] Diesem Ziel dienen insbesondere Erläuterungen und Zusatzinformationen im Anhang [85] sowie die Generalnorm, welche eine sachgerechte Darstellung (fair presentation) der wirtschaftlichen Lage verlangt.[86] Anders als das in Deutschland kodifizierte Bilanzrecht, welches als Teil des Gesellschaftsrechts zu behandeln ist, wird das IFRS-Regelwerk von einer privaten Organisation erarbeitet.[87] Dennoch gibt es, genauso wie bei der Bilanzierung nach den handelsrechtlichen Rechnungslegungsvorschriften, Interessenkonflikte zwischen den verschiedenen Abschlussadressaten (potentielle Investoren, Kreditgeber und andere Gläubiger, das Management, staatliche Einrichtungen und die interessierte Öffentlichkeit).[88] Diese Interessenkonflikte werden nach dem IASB zugunsten der Investoren entschieden. Das IASB geht davon aus, dass durch diese Zielsetzung die Bedürfnisse der anderen Abschlussadressaten ebenso befriedigt werden, wobei die primären Abschlussadressaten weiterhin aktuelle und potentielle Eigenkapital- und Fremdkapitalgeber bleiben.[89] Darüber hinaus kann dem IFRS-Abschluss, analog zum handelsrechtlichen Konzernabschluss, in Deutschland keine Zahlungsbemessungsfunktion zugesprochen werden. Eine Unternehmung ist deshalb stets dazu verpflichtet, einen handelsrechtlichen Jahresabschluss aufzustellen.[90]

4.2 Originärer Geschäfts- oder Firmenwert

Grundsätzlich richtet sich der bilanzielle Ansatz eines Vermögenswertes nach den allgemeinen Vorschriften des IFRS-Regelwerks. Dieser muss dabei sowohl abstrakt als auch konkret aktivierbar sein.[91] Die abstrakte Aktivierbarkeit liegt vor, wenn die Voraussetzungen für das Vorliegen eines Vermögenswertes (Asset) gemäß F.49 (a) erfüllt sind. Dies kann nur der Fall sein, wenn eine

---

[83] Mackenzie u. a. (IFRS 2012), 2012, S. 8.
[84] Vgl. Bieg u. a. (Handbuch IFRS), 2009, S. 10.
[85] Vgl. Theile (IFRS Handbuch), 2009, S. 59.
[86] Vgl. Hayn/Hold-Paetsch (IFRS 2010), 2010, S. 67.
[87] Vgl. Heuser (IFRS Handbuch), 2009, S. 1.
[88] Vgl. Ruhnke/Simons (Rechnungslegung), 2012, S. 17.
[89] Vgl. Heuser (IFRS Handbuch), 2009, S. 3.
[90] Vgl. Ruhnke/Simons (Rechnungslegung), 2012, S. 17.
[91] Vgl. Lüdenbach/Hoffmann (IFRS Kommentar), 2011, S. 68.

vom betreffenden Unternehmen kontrollierte ökonomische Ressource, aufgrund früherer Begebenheiten, künftige wirtschaftliche Nutzenzuflüsse erwarten lässt.[92] Zusätzlich hat ein Vermögenswert die konkreten Aktivierungsvoraussetzungen zu erfüllen. Gemäß F.89 sind die konkreten Aktivierungsvoraussetzungen erfüllt, wenn der mit dem Vermögenswert verbundene Nutzen mit einer gewissen Wahrscheinlichkeit zufließt und die AK/HK verlässlich bewertbar sind.[93]

Befinden sich in den einzelnen Standards jedoch Spezialregelungen, so sind diese gemäß F.2 entsprechend dem Grundsatz *lex specialis derogat legi generali* den Vorschriften des IFRS-Regelwerks vorzuziehen.[94]

Bezüglich des originären GoFs ist eine solche Spezialregelung durch die Vorschrift des IAS 38.48 gegeben.[95] Diese besagt, dass ein selbst geschaffener GoF nicht aktiviert werden darf. Das strikte Ansatzverbot ergibt sich dabei durch IAS 38.49 und wird mit dem nicht Vorliegen der Definitionskriterien immaterieller Vermögenswerte begründet. Gemäß IAS 38.8 müsste der originäre GoF demnach vor allem identifizierbar sein. Die Identifizierbarkeit setzt jedoch unter anderem voraus, dass der potentiell zu aktivierende immaterielle Vermögenswert separierbar ist und daher getrennt vom Unternehmen verkauft werden kann (IAS 38.12).[96] Dies ist beim originären Geschäfts- oder Firmenwert nicht der Fall ist. Eine Aktivierung hat deshalb zu unterbleiben.[97]

4.3 Derivativer Geschäfts- oder Firmenwert

Die Ausführungen des Kapitels 3.2 zeigen, dass der originäre GoF durch das Aktivierungsverbot bilanzierungstechnisch keine Rolle spielt. Dem gegenüber steht der entgeltlich erworbene (derivative) GoF. Dieser verkörpert gemäß den einschlägigen Vorschriften der IFRS 3 (Business Combinations) den bei Unternehmenszusammenschlüssen entstehenden positiven Unterschiedsbetrag aus dem Mehrwert, den das erwerbende Unternehmen in Erwartung künftiger Gewinne als Anschaffungskosten für den Unternehmenserwerb zahlt und dem Zeitwert des Reinvermögens (Zeitwert der erworbenen identifizierbaren Vermögenswerte abzüglich der übernommenen Schulden).[98]

---

[92] Vgl. Lüdenbach/Hoffmann (IFRS Kommentar), 2011, S. 31.
[93] Vgl. Heno (Jahresabschluss), 2011, S. 120-121.
[94] Vgl. Bieg/Kußmaul/Waschbusch (Externes Rechnungswesen), 2012, S. 477.
[95] Vgl. Federmann (Bilanzierung), 2010, S. 352.
[96] Vgl. Mackenzie u. a. (IFRS 2012), 2012, S. 632-644.
[97] Vgl. IAS 38.49
[98] Vgl. Wulf (Immaterielle Vermögenswerte), 2008, S. 88.

4.3.1 Ansatz im Konzernabschluss

Entsprechend dem originären GoF richtet sich der Ansatz des derivativen GoFs zunächst nach den allgemeinen Vorschriften des IFRS-Regelwerks. Diese werden jedoch durch die Spezialvorschriften des IFRS 3.32 außer Kraft gesetzt. Unabhängig von der Erfüllung der abstrakten/konkreten Aktivierungsvoraussetzungen des IFRS-Regelwerks normiert diese Vorschrift die Ansatzpflicht des derivativen GoFs.[99] Im Ergebnis wird dieser dadurch, analog zum Handelsrecht, als Vermögenswert fingiert, was einen verpflichtenden Ansatz impliziert.[100]

4.3.2 Erstbewertung

Gemäß IFRS 3.32 ist der derivative GoF in Höhe des Betrages anzusetzen, um den die übertragene Gegenleistung den Saldo der erworbenen identifizierbaren Vermögenswerte und übernommenen Schulden übersteigt. Dementsprechend hängt seine Höhe sowohl von der Höhe der Gegenleistung als auch der Bewertung der erworbenen Vermögenswerte und übernommenen Schulden ab.[101]

Die Bewertung der erworbenen Vermögenswerte und übernommenen Schulden erfolgt auf Grundlage von IFRS 3 durch Anwendung der Erwerbsmethode in Form der Neubewertungsmethode. Durch eine vollständige Neubewertung der Vermögenswerte und Schulden sind dabei die Anschaffungskosten zu bestimmen, welche auf die zum Erwerbszeitpunkt identifizierbaren Vermögenswerte und Schulden der Zielgesellschaft zu verteilen sind (Kaufpreisallokation).[102]

Hat das Unternehmen darüber hinaus im Rahmen des Unternehmenszusammenschlusses weniger als 100 % der Kapitalanteile erworben, so hängt die Höhe des derivativen Geschäfts- oder Firmenwertes außerdem von der Bewertung der Minderheitenanteile ab. Diese kann gemäß IFRS 3 grundsätzlich durch die Purchased-Goodwill Methode oder Full-Goodwill Methode erfolgen.[103] Diese Methoden werden in Kapitel 4.3.2.2 näher erläutert.

---

[99] Vgl. Lüdenbach/Hoffmann (IFRS Kommentar), 2011, S. 31.
[100] Vgl. Ohms (Goodwill Konzernabschluss), 2010, S. 258.
[101] Vgl. Rogler/Straub/Tettenborn (Bedeutung des Goodwill), 2012, S. 344.
[102] Vgl. Fischer/Schneider (Goodwill-Bilanzierung), 2007, S. 24.
[103] Vgl. Zwirner/Busch/Mugler (Impairment-Test), 2012, S. 425.

4.3.2.1 Kaufpreisallokation als Prozess der Bestimmung des derivativen Geschäfts- oder Firmenwertes

Die primär notwendigen Parameter zur Bestimmung des derivativen GoFs sind zum einen die übertragende Gegenleistung (Kaufpreis), zum anderen die Zeitwerte der erworbenen Vermögenswerte und Schulden. Diese Parameter sind gemäß den Vorschriften der IFRS 3 und IAS 38 im Rahmen der Kaufpreisallokation zu bestimmen.[104] Der allgemeine Prozess einer Kaufpreisallokation kann der folgenden Grafik entnommen werden:

Abb. 4: Prozess der Kaufpreisallokation
Quelle: Eigene Darstellung in Anlehnung an Creutzmann, 2006, S. 48.

1 Kaufpreisermittlung

Der Kaufpreis für ein Unternehmen entspricht den dafür getätigten Zahlungsmitteln oder Zahlungsmitteläquivalenten[105] bzw. dem beizulegenden Zeitwert der für die Akquisition zu entrichtenden Gegenleistung (übertragende Vermögenswerte und übernommene Schulden) sowie der Akquisition direkt zurechenbaren Kosten[106].

2 Identifizierung

Die Identifizierungsphase dient der Analyse von Vermögenswerten und Schulden des erworbenen Unternehmens, die aus Sicht des erwerbenden Unternehmens anzusetzen sind.[107] Das Hauptaugenmerk liegt dabei in der Identifizierung von immateriellen Vermögenswerten, die aufgrund des originären Charakters bisher nicht in der Bilanz des erworbenen Unternehmens angesetzt werden durften. Im Zuge des Erwerbs sind diese nun anzusetzen, wenn die Ansatzvoraussetzungen eines immateriellen Vermögenswertes gemäß IAS 38 erfüllt sind.[108]

3 Bewertung

Sind alle Vermögenswerte und Schulden identifiziert, so sind sie gemäß des in IFRS 3.18 kodifizierten Grundprinzips mit ihren beizule-

---

[104] Vgl. Creutzmann (Purchase Price Allocation), 2006, S. 48.
[105] Vgl. Fuchs (Goodwill-Accounting), 2008, S. 84.
[106] Vgl. Leibfried/Fassnacht (Unternehmenserwerb), 2007, S. 51.
[107] Vgl. Petersen/Bansbach/Dornbach (Praxishandbuch), 2011, S. 434.
[108] Vgl. Leibfried/Fassnacht (Unternehmenserwerb), 2007, S. 51.

genden Zeitwerten zu bewerten.[109] Auch hierbei liegt die Schwierigkeit insbesondere in der Zeitwertbestimmung der immateriellen Vermögenswerte. Zu deren Bestimmung ist entweder das marktpreisorientierte, das kapitalwertorientierte oder das kostenorientierte Verfahren anzuwenden (Prüfung der Durchführbarkeit hat in chronologischer Reihenfolge zu erfolgen).[110]

4 Ermittlung und Verteilung des Geschäfts- oder Firmenwertes

Auf Grundlage der ersten drei Schritte kann nun, durch die Differenzbetrachtung des Kaufpreises und der Vermögenswerte und Schulden zu Zeitwerten, der derivative GoF abgeleitet werden. Da der GoF für sich genommen keine Mittelzuflüsse generiert, die unabhängig von anderen Vermögenswerten sind, ist dieser im Erwerbszeitpunkt auf die zahlungsmittelgenerierenden Einheiten (ZMGE) einer Unternehmung zu verteilen. (IAS 36.80)[111] Eine ZMGE ist gemäß IAS 36.6 als kleinste Gruppe von Vermögensposition, die Mittelzuflüsse erzeugen und weitgehend unabhängig von Mittelzuflüssen anderer Vermögenswerte oder anderer Gruppen von Vermögenswerten ist, definiert. Gemäß IAS 36.80 hat eine ZMGE dabei die niedrigste Ebene darzustellen, auf der der GoF für Managementzwecke noch kontrolliert werden kann. In der Praxis sind dies häufig Geschäftsfelder, Segmente oder geographische Gebiete.[112]

4.3.2.2 Purchased-Goodwill-Methode vs. Full-Goodwill-Methode

Im Rahmen der Vollkonsolidierung werden aufgrund des in IAS 27.13 festgehaltenen Control-Konzepts, im Falle einer Beherrschung, auch bei Beteiligungen von weniger als 100 %, die Posten des Jahresabschlusses des erworbenen Unternehmens zu 100 % in den Konzernabschluss einbezogen. Als Ausgleich ist ein Posten für Minderheitenanteile in Höhe ihres Anteils am Eigenkapital zu bilden.[113] Die Bewertung der Minderheitenanteile kann entweder nach der Purchased-Goodwill-Methode (Beteiligungsproportional) oder der Full-Goodwill-Methode (Fair-Value) erfolgen. Das Bewertungswahlrecht kann bei jedem Unternehmenserwerb neu ausgeübt werden (IFRS 3.19).

---

[109] Vgl. Petersen/Bansbach/Dornbach (Praxishandbuch), 2011, S. 434.
[110] Vgl. Zwirner/Busch/Mugler (Impairment-Test), 2012, S. 427.
[111] Vgl. Wulf (Goodwillbilanzierung), 2009, S. 731.
[112] Vgl. Wulf (Immaterielle Vermögenswerte), 2008, S. 79.
[113] Vgl. Achleitner/Behr/Schäfer (Internationale Rechnungslegung), 2009 S. 301.

Erfolgt die Bewertung auf Grundlage der Purchased-Goodwill-Methode, so werden die Minderheiten anteilig in Höhe des zum Fair Value bewerteten Nettovermögens des erworbenen Unternehmens bewertet. Im Gegensatz dazu erfolgt die Bewertung der Minderheitenanteile nach der Full-Goodwill-Methode anteilig zur Höhe des gesamten Unternehmenswertes. Folglich entsprechen sie dem Fair Value (beizulegender Zeitwert).[114] Anders als bei der Purchased-Goodwill-Methode kommt es bei der Full-Goodwill-Methode daher, neben der Aktivierung des auf die Mehrheiten entfallenen GoFs, zu einem zusätzlichen Ansatz des auf die Minderheiten entfallenen GoFs.[115] Die unterschiedlichen Auswirkungen auf die Höhe des erstmalig anzusetzenden Geschäfts- oder Firmenwertes werden anhand der folgenden Grafik verdeutlicht.

Purchased-Goodwill vs. Full-Goodwill

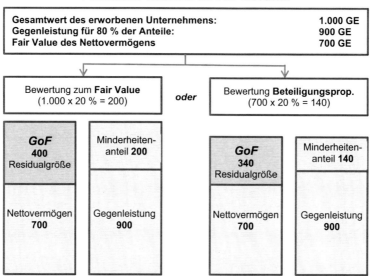

Abb. 5: Purchased-Goodwill vs. Full-Goodwill
Quelle: Eigene Darstellung in Anlehnung an KPMG Visuell 2010, S. 150.

Wie eingangs erwähnt, zeigt das obige Beispiel, dass neben den Parametern der Kaufpreisallokation, auch die Bewertung der Minderheitenanteile einen Einfluss auf die Höhe des erstmals zu bilanzierenden GoFs hat.

4.3.3 Folgebewertung

Die Einschätzung der Nutzungsdauer des derivativen GoFs gestaltet sich als schwierig. Deshalb wird dieser als Vermögenswert mit unbegrenzter Nut-

---

[114] Vgl. Coenenberg/Haller/Schultze (Jahresabschluss), 2012, S. 704.
[115] Vgl. Lüdenbach (IFRS Kommentar), 2011, S. 1897-1898.

zungsdauer und als nicht abnutzbar klassifiziert. Dies hat zur Folge, dass sich die Folgebewertung nach dem Impairment-Only-Approach gestaltet.[116]

Aufgrund dieses Konzeptes ist der GoF gem. IAS 36 mindestens einmal jährlich sowie zu jedem Zeitpunkt, an dem Indikatoren einer Wertminderung vorliegen, im Rahmen eines Impairment-Tests (Werthaltigkeitstest) auf seine Werthaltigkeit zu überprüfen.[117] Aufgrund der Tatsache, dass der GoF keine separat identifizierbaren Cashflows generiert, ist dieser, wie in Kapitel 4.3.2.1 beschrieben, im Rahmen der Kaufpreisallokation auf zahlungsmittelgenerierende Einheiten aufzuteilen.[118] Aus diesem Grund findet auch der Werthaltigkeitstest auf dieser Ebene statt.[119] Die Werthaltigkeitsprüfung des GoFs erfolgt über den Vergleich des erzielbaren Betrages einer firmenwerttragenden ZMGE. Der erzielbare Betrag ist der höhere Wert aus beizulegendem Wert abzüglich Veräußerungskosten (Nettoveräußerungspreis) und Nutzungswert (Diskontierte Cashflows).[120] Diese Vorgehensweise entstammt dem Grundgedanken, dass jeder Vermögenswert entweder selbst genutzt oder veräußert werden kann.[121] Unterschreitet der erzielbare Betrag den Buchwert der ZMGE, so ist eine außerplanmäßige Abschreibung durchzuführen. Ein der ZMGE zugeordneter GoF muss dabei als erstes abgeschrieben werden. Erst danach sind die übrigen, der ZMGE zugeordneten Vermögenswerte, proportional zu ihren Buchwerten, in Höhe des verbleibenden Wertminderungsbedarfs abzuschreiben.[122]

Weiterhin sehen die Vorschriften der IAS 36 ein Wertaufholungsverbot für den derivativen GoF vor. Analog zum Handelsrecht ist diese Vorschrift darauf zurückzuführen, dass, im Falle einer Wertaufholung, nicht mehr zwischen derivativem und originärem Ursprung unterschieden werden kann.[123]

4.3.4 Sonderfall: Negativer Geschäfts- oder Firmenwert

Nach Auffassung des IASB kann ein negativer GoF unter gewöhnlichen Umständen nicht auftreten, da der Verkäufer eines Unternehmens oder von Anteilen mindestens den Zeitwert verlangen wird.[124]

---

[116] Vgl. Fuchs (Goodwill-Accounting), 2008, S. 112.
[117] Vgl. Meyer/Halberkann (Goodwill-Impairment), 2012, S. 313.
[118] Vgl. Weißenberger/Fülbier/Mages (IFRS-Kaufpreisallokation), 2008, S. 44.
[119] Vgl. KPMG AG (IFRS aktuell), 2004, S. 103.
[120] Vgl. Wulf (Immaterielle Vermögenswerte), 2008, S. 93.
[121] Vgl. Fuchs (Goodwill-Accounting), 2008, S. 116.
[122] Vgl. Weißenberger/Fülbier/Mages (IFRS-Kaufpreisallokation), 2008, S. 46.
[123] Vgl. Meyer/Halberkann (Goodwill-Impairment), 2012, S. 313.
[124] Vgl. Küting/Stampa (Firmenwert), 2010, S. 14.

Gemäß IFRS 3.35 und IFRS 3.36 kann ein negativer GoF deshalb nur dann auftreten, wenn es sich bei dem Verkauf des Unternehmens um einen Zwangsverkauf oder um eine fehlerhafte Bewertung der identifizierbaren Vermögenswerte und Schulden gehandelt hat. Im Falle eines negativen GoFs sind deshalb alle Wertansätze erneut zu überprüfen.[125] Bleibt der negative GoF auch nach nochmaliger Überprüfung bestehen, handelt es sich nach Auffassung des IASB regelmäßig um einen bargain purchase (Lucky Buy). Im Konzernabschluss ist dieser als wirtschaftlicher Vorteil (Ertrag) erfolgswirksam in der GuV zu erfassen.[126]

4.4 Ausweis und Anhangangaben

Im Gegensatz zum Handelsrecht schreiben die IFRS keine bestimmten Standard-Formate für den Bilanzausweis vor.[127] Vielmehr muss die Bilanz Mindestgliederungspositionen enthalten, die entweder in Konto- oder in Staffelform untergliedert werden können.[128]

Der Ausweis des derivativen GoFs richtet sich dabei hauptsächlich nach den allgemeinen Vorschriften zur Bilanzierung von immateriellen Vermögenswerten.[129] Da immaterielle Vermögenswerte im Gegensatz zu anderen Posten vom Wesen oder ihrer Funktion einen hohen Unterscheidungsgrad aufweisen, sind diese gemäß IAS 1.54 (c) als Mindestgliederungspunkt in die Bilanz aufzunehmen. Ein GoF wäre dementsprechend unter dieser Position zusammenzufassen. Ist der GoF in seinem Umfang jedoch von hoher Bedeutung, so ist er gemäß den Vorschriften des IAS 1.57 als Unterposten der immateriellen Vermögenswerte oder als eigener Posten auszuweisen.[130]

Wie bereits in Kapitel 3.4 geschildert, dient der Anhang dazu, die zahlenmäßige Darstellung der einzelnen Rechenwerke näher zu erläutern.[131] Die primäre Zielsetzung der IFRS liegt in der Vermittlung entscheidungsrelevanter Informationen für die Abschlussadressaten. Verglichen mit dem HGB-Abschluss, kommt dem Anhang des IFRS-Abschlusses daher eine noch bedeutendere Funktion zu.[132]

---

[125] Vgl. IDW (IFRS), 2011, S. 1371.
[126] Vgl. Lüdenbach (IFRS Kommentar), 2011, S. 1905.
[127] Vgl. Bieg/Kußmaul/Waschbusch (Externes Rechnungswesen), 2012, S. 499.
[128] Vgl. Federmann (Bilanzierung), 2010, S. 352.
[129] Vgl. Wulf (Immaterielle Vermögenswerte), 2008, S. 101.
[130] Vgl. Mackenzie u. a. (IFRS 2012), 2012, S. 54-56.
[131] Vgl. Wulf (Immaterielle Vermögenswerte), 2008, S. 103.
[132] Vgl. Küting/Pfitzer/Weber (IFRS oder HGB), 2013, S. 6-10.

Im Hinblick auf die Bilanzierung des GoFs finden sich vor allem in den Standards IFRS 3 und IAS 36 konkrete Angabepflichten, die dem Abschlussadressaten dazu dienen, eine Beurteilung der entscheidungsrelevanten Informationen der Bilanzierung des GoFs vorzunehmen.[133] Diese Informationspflichten umfassen vor allem Angaben die auf die Ermittlung und Folgebewertung des Geschäts- oder Firmenwertes schließen lassen (die im Detail geforderten wesentlichen Angaben können der Checkliste des Kapitels 5.4.1, welche im Rahmen der Publizitätsanalyse entwickelt wurde, entnommen werden).

5 Empirische Analyse

5.1 Empirische Basis

Die empirische Analyse dieses Buches basiert auf einer Untersuchung der in den Jahren 2009, 2010 und 2011 veröffentlichten Jahres- bzw. Konzernabschlüsse von zehn deutschen Unternehmen der Telekommunikationsbranche. Die Grundgesamtheit bilden dabei alle Unternehmen, die zum Zeitpunkt der Untersuchung durch den Branchenschlüssel „NACE" der Telekommunikationsbranche zugeteilt sowie in der Firmendatenbank von Hoppenstedt gelistet sind. Im Rahmen einer Stichprobenuntersuchung (Zufallsstichprobe) werden diese auf die Bilanzierung eines GoFs überprüft (aufgrund des geringen Stichprobenumfangs muss von einer Repräsentativität der empirischen Analyse abgesehen werden). Kann eine Bilanzierung festgestellt werden, folgt in einem zweiten Schritt die Erfassung der dem Jahres- bzw. Konzernabschluss zugrunde gelegten Rechnungslegungsvorschrift. Bilden die IFRS die Grundlage, so folgt eine Zuteilung des betreffenden Unternehmens in die Gruppe der Unternehmen, die nach den Vorschriften der IFRS bilanzieren. Analog wird bei den Unternehmen vorgegangen, die zum Zeitpunkt der Untersuchung nach den Vorschriften des HGBs bilanzieren. Die Zuteilung wird beendet, sobald in jeder Gruppe fünf Unternehmen gelistet sind. Auf der Grundlage dieser Klassifizierung ergibt sich für die weitere empirische Analyse folgende Aufteilung:

HGB		IFRS	
Unternehmen	*Abschluss*	*Unternehmen*	*Abschluss*
Vodafone GmbH	Jahresabschluss	Telekom AG	Konzernabschluss
E-Plus GmbH	Konzernabschluss	Versatel AG	Konzernabschluss
Callax Telecom GmbH	Konzernabschluss	Freenet AG	Konzernabschluss
Colt Telecom GmbH	Jahresabschluss	Kabel Deutschland AG	Konzernabschluss
M-Net GmbH	Jahresabschluss	United Internet AG	Konzernabschluss

Tabelle 1: Unternehmen der empirischen Analyse
Quelle: Eigene Darstellung

---

[133] Vgl. Wulf (Immaterielle Vermögenswerte), 2008, S. 103.

5.2 Bilanzielle Bedeutung des Geschäfts- oder Firmenwertes

Zur Beurteilung der bilanziellen Bedeutung des GoFs wird im Folgenden ausschließlich auf Verhältniskennzahlen zurückgegriffen. Dies ist notwendig, um von den unterschiedlichen Größenverhältnissen der untersuchten Unternehmen abstrahieren zu können. Gemessen an der durchschnittlichen Bilanzsumme der Jahre 2009-2011 ist die Telekom AG (T€ 126.042.666) dabei das größte und die Callax Telecom GmbH (T€ 73.662) das kleinste Unternehmen.

5.2.1 Verhältnis zur Bilanzsumme

Wird der GoF ins Verhältnis zur Bilanzsumme gesetzt, so liegt der Durchschnittswert der Unternehmen, die nach den IFRS bilanzieren, für die Jahre 2009-2011 zwischen 13,24 % (Kabel Deutschland AG) und 41,62 % (Freenet AG). Die Standardabweichungen (Std. Abw.) von 1,06 % bzw. 4,17 % lassen auf eine geringe Streuung schließen, weshalb die jeweils ermittelten Mittelwerte als zuverlässig einzustufen sind. Im Gegensatz dazu ist sowohl die Höhe als auch die Bandbreite der Unternehmen, die nach dem HGB bilanzieren weitaus geringer. Mit durchschnittlich 2,85 % (Std. Abw.: 0,52 %) weist der GoF bei der M-Net GmbH das geringste Verhältnis zur Bilanzsumme auf. Das größte Verhältnis lässt sich, im Bereich der Unternehmen, die nach dem HGB bilanzieren, mit durchschnittlich 6,54 % (Std. Abw.: 4,78 %) bei der Callax Telecom GmbH feststellen. Dabei unterliegt dieser Mittelwert rechnungslegungsübergreifend der größten Streuung.

Weiterhin ist festzustellen, dass der GoF in den Jahren 2009-2011 unternehmensübergreifend durchschnittlich 23,28 % der Bilanzsumme aller Unternehmen, die nach den IFRS bilanzieren, ausmacht. Mit durchschnittlich knapp fünf Prozent spielt dieser bei den Unternehmen, die nach dem HGB bilanzieren, eine eher untergeordnete Rolle. Darüber hinaus geht der Anteil des GoFs an der Bilanzsumme bei allen Unternehmen, die nach den Vorschriften des HGBs bilanzieren, kontinuierlich zurück. In Bezug auf die nach den IFRS bilanzierenden Unternehmen ist ein derartiger Trend nicht festzustellen (Siehe Tabelle 2).

HGB					
	Vodafone	*E-Plus*	*Callax*	*Colt*	*M-net*	*Ø HGB*
2009	5,49 %	5,83 %	10,79 %	7,80 %	3,40 %	6,66 %
2010	4,07 %	5,19 %	7,47 %	6.17 %	2,79 %	5,14 %
2011	2,67 %	4,18 %	1,36 %	3,90 %	2,36 %	2,89 %
Ø Untern.	4,08 %	5,07 %	6,54 %	5,96 %	2,85 %	**Ø 4,90 %**
Std. Abw.	1,41 %	0,83 %	4,78 %	1,95 %	0,52 %	

IFRS					
	Telekom	*Versatel*	*Freenet*	*Kabel Dtld.*	*United Int.*	*Ø IFRS*
2009	15,91 %	18,38 %	36,81 %	12,14 %	30,14 %	22,68 %
2010	16,06 %	10,92 %	43,89 %	14,26 %	31,69 %	23,36 %
2011	14,00 %	13,66 %	44,17 %	13,30 %	33,81 %	23,79 %
Ø Untern.	15,32 %	14,32 %	41,62 %	13,24 %	31,88 %	**Ø 23,28 %**
Std. Abw.	1,15 %	3,77 %	4,17 %	1,06 %	1,84 %	

Tabelle 2: Verhältnis vom GoF zur Bilanzsumme
Quelle: Eigene Darstellung

Das Verhältnis des GoFs zur Bilanzsumme liegt bei den in den vier wichtigsten deutschen Aktienindizes (DAX30, MDAX, SDAX und Tec-DAX) notierten Unternehmen im Jahre 2010 durchschnittlich bei 10,35 %.[134] Im Vergleich dazu ist der Telekommunikationsbranche, zumindest im Bereich der Unternehmen, die nach den IFRS bilanzieren (Ø 23,28%), ein verhältnismäßig hoher Stellenwert zuzusprechen. Die nach dem HGB bilanzierenden Unternehmen liegen mit 4,90 % unter dem branchenübergreifenden Durchschnittswert von 10,35 %.

Ursächlich für die eher untergeordnete Rolle der handelsrechtlichen Rechnungslegungsvorschriften im Bereich der Bilanzierung des GoFs könnte dabei die in § 315a HGB kodifizierte Vorschrift sein. Diese verpflichtet kapitalmarktorientierte Unternehmen zur Aufstellung des Konzernabschlusses nach internationalen Rechnungsvorschriften und befreit zugleich von der Aufstellungspflicht nach handelsrechtlichen Rechnungslegungsvorschriften. Geschäfts- oder Firmenwerte in den Konzernabschlüssen deutscher kapitalmarktorientierter Unternehmen werden somit auf Grundlage internationaler Rechnungslegungsvorschriften erfasst (überwiegend IFRS).

Sowohl die unternehmensindividuelle als auch unternehmensübergreifende auf den jeweiligen Rechnungslegungsstandard bezogene Betrachtungsweise verdeutlicht, dass die Bilanzierung des Geschäfts- oder Firmenwertes innerhalb der Rechnungslegung nach IFRS einen größeren Stellenwert einnimmt.

---

[134] Vgl. Rogler/Straub/Tettenborn (Bedeutung des Goodwill), 2012, S. 347.

5.2.2 Verhältnis zum Eigenkapital

Die bilanzielle Behandlung des GoFs ist sowohl nach den handelsrechtlichen als auch nach den internationalen Rechnungslegungsvorschriften der IFRS umstritten.[135]

Wie in Kapitel 3.3.1 erläutert, kann dem derivativen GoF auf Grundlage der GoB nicht die Eigenschaft eines Vermögensgegenstandes zugesprochen werden. Aufgrund der fehlenden Einzelveräußerbarkeit wird er somit per gesetzliche Fiktion zum Vermögensgegenstand. Auch nach den Vorschriften der IFRS ist der derivative GoF, unabhängig von den allgemeinen Ansatzvoraussetzungen für Vermögenswerte, durch eine Spezialvorschrift zu aktivieren. Es ist somit fraglich, ob der GoF im Zweifel fähig ist, Schulden zu decken. Aus diesem Grund wäre der GoF im Rahmen der Bilanzanalyse zu eliminieren und gegen das Eigenkapital aufzurechnen.[136] Je höher daher das Verhältnis von GoF zu Eigenkapital ist, desto mehr ist das Eigenkapital von einem fragwürdigen, im Zweifel nicht zur Deckung der Schulden geeigneten, Vermögensgegenstand/-wert abhängig.

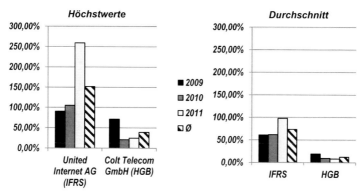

Abb. 6: Verhältnis vom GoF zum Eigenkapital
Quelle: Eigene Darstellung

Abbildung 6 verdeutlicht, dass die United Internet AG (IFRS) das höchste Verhältnis von GoF zum Eigenkapital aufweist. Mit einem Durchschnittswert von 151,79 % (2009-2011) liegt dieser 112,66 % über dem Durchschnittswert des höchsten nach HGB bilanzierenden Unternehmens (Colt Telecom GmbH). Die Colt Telecom GmbH weist für die Jahre 2009-2011 einen Durchschnittswert von 39,13 % aus. Unter Berücksichtigung der ermittelten Standardabweichungen (United Internet AG: 93,40 %, Colt Telecom GmbH: 28,06 %), kann diesen beiden Mittelwerten jedoch keine hohe Güte zugesprochen werden, da

---

[135] Vgl. Rogler/Straub/Tettenborn (Bedeutung des Goodwill), 2012, S. 348.
[136] Vgl. Rogler/Straub/Tettenborn (Bedeutung des Goodwill), 2012, S. 348.

die Mittelwerte beider Unternehmen durch verhältnismäßig hohe Ausreißer-
werte der Jahre 2009 (Colt Telecom GmbH) und 2011 (United Internet AG)
aufgebläht werden. Bei der United Internet AG ist der hohe Wert auf den Erwerb eigener Anteile und der daraus resultierenden Halbierung des Eigenkapitals zurückzuführen (GoF bleibt auf konstantem Niveau). Bei weiterer Betrachtung der einzelnen Jahreswerte ist bei der Colt Telecom GmbH im Jahr 2010
ein starker Rückgang der Kennzahl ersichtlich. Dieser ist hauptsächlich mit
einem starken Anstieg des Eigenkapitals (Erhöhung der Kapitalrücklage) zu
begründen.

Aufgrund der hohen Streuung scheint ein Vergleich der Telekom AG (Std.
Abw.: 2,99 %) und der Callax Telecom GmbH (Std. Abw.: 4,98 %) auf Grundlage der Güte des Mittelwertes sinnvoller. Die geringen Standardabweichungen lassen darauf schließen, dass die maßgebenden Faktoren zur Beeinflus-
sung der GoF/EK Quote bei diesen Unternehmen einer geringeren Volatilität
unterliegen. Aber auch dieser Vergleich zeigt, dass das Verhältnis von GoF
zum Eigenkapital in der Rechnungslegung nach IFRS weitaus stärker ausge-
prägt ist. Mit einem Durchschnittswert von 46,38 % für die Jahre 2009-2011
liegt das Verhältnis der Telekom AG 26,14 % über dem der Callax Telecom
GmbH (20,24 %).

Erfolgt eine Differenzierung nach dem jeweiligen Rechnungslegungssystem,
liegt der Durchschnittswert für die Jahre 2009-2011 bei allen Unternehmen,
die nach den IFRS bilanzieren, mit 73,46 % (Std. Abw.: 21,08 %) rund 61,00
Prozentpunkte über dem Niveau der Unternehmen, die nach dem HGB bilanzieren. Diese erzielen lediglich einen Durchschnittswert von 12,34 % (Std.
Abw.: 6,09 %). Ursächlich für den hohen Durchschnittswert der nach IFRS
bilanzierenden Unternehmen, sind vor allem die hohen GoF/Eigenkapital Re-
lationen der Versatel AG (Ø 87,00 %), Freenet AG (Ø 100,09 %) und der United Internet AG (Ø 151,79 %). Allein die Streuung dieser drei Durchschnitts-
werte begründet die signifikant höhere Standardabweichung, im Gegensatz zu
den Unternehmen, die nach dem HGB bilanzieren.

Auf Grundlage dieser Informationen ist festzustellen, dass das Eigenkapital
der Unternehmen der Telekommunikationsbranche, vor allem innerhalb der
Rechnungslegung nach IFRS, stark durch den positiven Effekt einer GoF Aktivierung beeinflusst wird. Würde der GoF der Freenet AG bzw. der United In-

ternet AG, aufgrund des in Frage zu stellenden Schuldendeckungspotentials, im Rahmen der Bilanzanalyse gegen das Eigenkapital aufgerechnet werden, so wäre das bilanzielle Eigenkapital der oben genannten Unternehmen vollkommen aufgebraucht. Potentielle außerplanmäßige Abschreibungen in den Folgejahren haben zudem eine risikoreiche Bilanz zur Folge und stellen eine Gefahr für die Kapitalstruktur des Unternehmens dar.[137]

Abbildung 6 zeigt, dass ein solches Ausmaß im Bereich der Unternehmen, die nach dem HGB bilanzieren, nicht feststellbar ist. Vielmehr ist zwischen den Jahren 2009-2011 ein kontinuierlicher Rückgang des Verhältnisses zu beobachten. Die sich daraus ergebende Verringerung des Verlustpotentials, verursacht durch die Minimierung des außerplanmäßigen Abschreibungspotentials, ist positiv zu beurteilen.

5.3 Auswirkungen der Folgebewertung

Wie in Kapitel 3.3.3 und Kapitel 4.3.3 erläutert, unterscheidet sich die Vorgehensweise der Folgebewertung des derivativen GoFs bezüglich des zugrunde gelegten Rechnungslegungssystems. Die unterschiedlichen Auswirkungen dieser Regelungen sollen im Folgenden untersucht werden.

Tabelle 3 zeigt, dass der GoF nach der handelsrechtlichen Rechnungslegung in den Jahren 2009-2011 nur zweimal außerplanmäßig abgeschrieben wird (2010: E-Plus GmbH; 2011: Callax Telecom GmbH). Im Rahmen dieser Untersuchung kann deshalb darauf geschlossen werden, dass die außerplanmäßige Abschreibung des GoFs im Handelsrecht eine eher untergeordnete Rolle spielt. Die erfolgswirksame Erfassung des GoFs erfolgt überwiegend durch die Vornahme planmäßiger Abschreibungen.

HGB			
Feststellungen	**Jahr**		
	2009	**2010**	**2011**
Es wurde nur planmäßig abgeschrieben	5	4	4
Es wurde sowohl planmäßig als auch außerplanmäßig abgeschrieben	-	1	1

Tabelle 3: Abschreibungsfeststellungen HGB
Quelle: Eigene Darstellung

Im Jahr 2009 wird der GoF linear über die wirtschaftliche Nutzungsdauer von fünf bis fünfzehn Jahren abgeschrieben, wobei am häufigsten eine Nutzungsdauer von zehn Jahren angesetzt wird. Die E-Plus GmbH hingegen schreibt

---

[137] Vgl. Lersmacher (Goodwillbilanzierung), 2006, S. 51.

alle Geschäfts- oder Firmenwerte, die bis zum Ende des Geschäftsjahres 2009 aktiviert werden, über fünfzehn Jahre ab. Aktivierungen die nach dem 1. Januar 2010 erfolgen, werden stattdessen über fünf Jahre abgeschrieben. Vor dem Hintergrund, dass eine Nutzungsdauer von mehr als fünf Jahren seit dem 31.12.2009 näher erläutert werden muss, ist es fragwürdig, ob die Nutzungsdauer tatsächlich der potentiellen wirtschaftlichen Nutzungsdauer entspricht, oder nur aus Vereinfachungsgründen auf fünf Jahre umgestellt wurde.

Aus Tabelle 4 geht hervor, dass die Vornahme außerplanmäßiger Abschreibungen des GoFs innerhalb der IFRS-Rechnungslegung heterogen ist. Im Jahr 2009 nimmt nur ein Unternehmen (Telekom AG) eine außerplanmäßige Abschreibung vor. Diese führt zu einer 11,37-prozentigen Abschreibung des zu Beginn des Jahres ausgewiesenen Geschäfts- oder Firmenwertes. In den Jahren 2010 und 2011 hingegen nehmen jeweils drei Unternehmen eine außerplanmäßige Abschreibung vor. Würden die durchschnittlichen Prozentsätze der Jahre 2009 (11,37 %), 2010 (0,67 %) und 2011 (29,59 %), abgesehen von der Sinnhaftigkeit, einer planmäßigen Abschreibung zugrunde gelegt werden, so ergäbe sich eine Nutzungsdauer von ungefähr 9 Jahren (2009), 150 Jahren (2010) und 3,5 Jahren (2011).

Aufgrund der sich aus dem HGB ergebenden gesetzlichen Pflicht zur planmäßigen Abschreibung, nehmen in den Jahren 2009-2011 alle untersuchten Unternehmen Abschreibungen auf den GoF vor. Wie in Tabelle 4 zu erkennen, ist für die Jahre 2009-2011 ein steigender Trend des Verhältnisses der durchschnittlichen GoF-Abschreibung zu dem am Jahresanfang vorhandenen GoFs zu erkennen. Dieser Trend ist dabei vornehmlich auf die kontinuierliche Reduzierung des Nenners (GoF-Abschreibungen/GoF am JA) zurückzuführen und nicht auf einen Anstieg der Abschreibungen.

Die durchschnittliche Abschreibung des GoFs liegt bei den Unternehmen, die nach den IFRS bilanzieren, für die Jahre 2009-2011 bei 13,88 %. Ein Blick auf die Streuung der ermittelten Werte (Std. Abw.: 14,62 %) begründet jedoch einen relativ unzuverlässigen Mittelwert. Eine Hochrechnung des Gesamtdurchschnitts auf eine planmäßige Abschreibungsdauer ist daher nicht repräsentativ. Im Vergleich dazu wird auf Ebene des Handelsrechts durchschnittlich 24,88 % des zu Anfang des Geschäftsjahres vorhandenen GoFs abgeschrieben.

HGB			
	2009	*2010*	*2011*
Unternehmen mit Abschreibung	5	5	5
Ø Abschreibung zu GoF	16,86 %	22,10 %	35,69 %
Ø Gesamt		24,88 %	
IFRS			
	2009	*2009*	*2011*
Unternehmen mit Abschreibung	1	3	3
Ø Abschreibung zu GoF	11,37 %	0,67 %	29,50 %
Ø Gesamt		13,88 %	

Tabelle 4: GoF-Abschreibungen im Verhältnis zum GoF
Quelle: Eigene Darstellung

Die Ergebnisse dieser Untersuchung zeigen, dass die Kombination aus planmäßiger und außerplanmäßiger Abschreibung des handelsrechtlichen Rechnungslegungssystems im Zeitvergleich zu einer verhältnismäßig höheren
Wertminderung des GoFs führt als das Impairment-Only-Konzept der Rechnungslegung nach IFRS.

Im Vergleich zu den Werten der Tabelle 4 liegt der Durchschnittswert aller
Unternehmen der vier wichtigsten deutschen Aktienindizes für die Jahre 2009
und 2010 bei 4,58 % bzw. 3,78 % (Bilanzierung hauptsächlich nach IFRS).[138]
Auf dieser Grundlage ist den untersuchten Unternehmen der Telekommunika-
tionsbranche deshalb ein verhältnismäßig hohes Abschreibungspotential im
Bereich der Bilanzierung des GoFs zuzusprechen.

Weiterhin haben Abschreibungen auf den GoF durch ihre Erfolgswirksamkeit
einen direkten Einfluss auf das Jahresergebnis. Im Folgenden ist deshalb die
Ergebnisbelastung dieser Abschreibungen, differenziert nach HGB und IFRS,
zu untersuchen. Die GoF-Abschreibungsbelastung setzt die Abschreibung auf
den GoF in Relation zum rechnerischen Jahresergebnis (vor Steuern) vor der
Abschreibung.[139] Tabelle 5 zeigt die jeweils höchsten Abschreibungsbelas-
tungsrelationen, getrennt nach dem jeweiligen Rechnungslegungssystem. Von
allen Unternehmen, die nach den Vorschriften der IFRS bilanzieren, weist die
Telekom AG in den Jahren 2009 und 2010 den höchsten Wert aus. Bei der
Versatel AG sind die Abschreibungen auf den GoF im Jahre 2011 sogar für
einen Wechsel von der Gewinn- in die Verlustzone verantwortlich. Ein Blick
auf die Höchstwerte der nach dem HGB bilanzierenden Unternehmen verdeutlicht zudem, dass auch diese in den Jahren 2009-2011 von einer hohen Ab-

---

[138] Vgl. Rogler/Straub/Tettenborn (Bedeutung des Goodwill), 2012, S. 349.
[139] Vgl. Küting (Schlüsselgröße), 2005, S. 2764.

schreibungsbelastung durch den GoF betroffen sind. Das Jahresergebnis der E-Plus GmbH wird somit in den Jahren 2009 und 2010 um ca. 40 % gesenkt.

HGB					
Jahr	Unter-nehmen	JE vor Steuern (T€)	Abschrei-bungen GoF (T€)	JE vor Abschreibung (T€)	Belastung
2009	Callax GmbH	1.458	1.186	2.644	45 %
2010	E-Plus GmbH	424.851	279.092	703.943	40 %
2011	E-Plus GmbH	403.321	284.133	687.454	41 %
IFRS					
Jahr	Unter-nehmen	JE vor Steuern (T€)	Abschrei-bungen GoF (T€)	JE vor Abschreibung (T€)	Belastung
2009	Telekom AG	2.655.000	2.345.000	5.000.000	47 %
2010	Telekom AG	2.695.000	395.000	3.090.000	13 %
2010	Versatel AG	-48.857	68.586	19.729.000	348 %

Tabelle 5: Höchstwerte der GoF-Abschreibungsbelastung
Quelle: Eigene Darstellung

5.4 Publizitätsverhalten

5.4.1 Vorgehensweise

Um Aussagen darüber treffen zu können, ob und in welchem Maße die verschiedenen Unternehmen ihrer Publizitätspflicht nachkommen, ist es notwendig die vom jeweiligen Rechnungslegungsstandard geforderten Sollangaben mit den tatsächlich erbrachten Istangaben zu vergleichen. Aufgrund der unterschiedlichen Zielsetzung des jeweiligen Rechnungslegungssystems unterscheiden sich die Anforderungen an das Informationsverhalten sowohl nach qualitativem als auch quantitativem Umfang. Zur Schaffung einer rechnungslegungsübergreifenden Vergleichbarkeit werden deshalb zunächst Checklisten entwickelt, welche die verschiedenen Sollangaben des Handelsrechts sowie der IFRS abbilden. Die Sollangaben orientieren sich stark an den geforderten Anhangangaben des jeweiligen Rechnungslegungssystems. Zur Beurteilung des Publizitätsverhaltens wird sich hauptsächlich auf die Ermittlung und Folgebewertung des GoFs beschränkt. Die Grundlage der Überprüfung bilden die folgenden Checklisten:

Publizitätscheckliste HGB		
Angabepflichten zu Konzernunternehmen		
Allgemeine Angaben zum Konsolidierungskreis		
1	Name des in den Konzernabschluss einbezogenen Unternehmens	§ 313 Abs. 2 HGB
2	Sitz des in den Konzernabschluss einbezogenen Unternehmens	
3	Anteil des in den Konzernabschluss einbezogenen Unternehmens	
Angaben zum Geschäfts- oder Firmenwert		
4	Erläuterung des Geschäfts- oder Firmenwertes inkl. wesentlicher Änderungen zum Vorjahr	§ 301 Abs. 3
Angabepflichten zu Konzern- und Einzelunternehmen		
Angaben zum Geschäfts- oder Firmenwert		
5	Überleitungsrechnung des Buchwertes des GoFs - Gesamte Anschaffungskosten - Zugänge - Abgänge - Umbuchungen - Kumulierte Abschreibungen - Abschreibungen des Geschäftsjahres	§ 268 Abs. 2 HGB
6	Angabe von Gründen von einer Nutzungsdauer > 5 Jahre	§ 285 Nr. 13 /§ 314 Abs. 1 Nr. 20 HGB
Angaben zur Folgebewertung		
7	Angabe einer potentiellen außerplanmäßigen Abschreibung auf den GoF	§ 277 Abs. 3 HGB
Konkretisierung des § 301 Abs. 3 durch das DRSC		
8	Angabe der Abschreibungsdauer	DRS: 4.54- 4.61
9	Angabe der Abschreibungsmethode, sowie die Begründung falls eine andere als die lineare gewählt wurde	
10	Angaben zu einem passiven Unterschiedsbetrag	
11	Falls erstmaliger Einbezug eines Unternehmens, **spezielle Angaben zu:** - GoF-Erst- und Folgebewertung - Auswirkungen auf GuV - Rückstellungen zu Restrukturierungsmaßnahmen	
12	Spezielle Angaben zur Unternehmensveräußerung	

Tabelle 6: Publizitätscheckliste HGB
Quelle: Eigene Darstellung

Publizitätscheckliste IFRS	
Angaben zur Ermittlung des Geschäfts- oder Firmenwertes	
*Allgemeine Angaben mit Hinblick auf **wesentliche** Unternehmenszusammenschlüsse*	
1	Name des erworbenen Unternehmens	IFRS 3.B64
2	Beschreibung des erworbenen Unternehmens	
3	Erwerbszeitpunkt	
4	Prozentsatz der erworbenen Anteile mit Stimmrecht	
5	Beschreibung der Faktoren die zur Erfassung des GoFs führen	
6	Beizulegender Zeitwert der gesamten übertragenen Gegenleistung, sowie Aufteilung in Gruppen	
7	Zusatzangaben für bedingte Gegenleistungen, Vermögenswerte für Entschädigungsleistungen oder erworbene Forderungen	
8	Die erfassten Beträge für jede Hauptgruppe von erworbenen Vermögenswerten und Schulden	
9	Zusatzangaben zu - Eventualverbindlichkeiten - Unternehmenszusammenschlüsse < 100 % - sukzessiven Unternehmenszusammenschlüssen - negativen GoF	
10	Erlöse, Gewinn oder Verlust des erworbenen Unternehmens, welche seit dem Erwerbszeitpunkt in die Gesamtergebnisrechnung eingeflossen sind	
11	Bei unterjährig erworbenen Unternehmen - Darstellung der Erlöse, Gewinne oder Verluste als wenn der Erwerbszeitpunkt am Anfang der Periode gewesen wäre	
12	Bei unwesentlichen Unternehmenszusammenschlüssen müssen die Angaben des IFRS 3.B64 in zusammengefasster Form gemacht werden	IFRS 3.B65
13	Angaben zu Unternehmenserwerbe die zwischen dem Ende der Berichtsperiode und der Veröffentlichung des Abschlusses liegen	IFRS 3.B66
Angaben zur Überleitung des Buchwerts des Geschäfts- oder Firmenwertes	
14	Bruttobetrag des GoF sowie die kumulierten Abschreibungen zu Beginn des Geschäftsjahres	IFRS 3.B67
15	Während des laufenden Geschäftsjahres zugegangener GoF	
16	Berichtigungen aufgrund latenter Steueransprüche	
17	Geschäfts- oder Firmenwerte die abgegangen sind oder zur Veräußerung gehalten werden	

18	Wertminderungen gem. IAS 36	
19	Umrechnungsdifferenzen gem. IAS 21	
20	Sonstige Buchwertänderungen	
21	Bruttobetrag des GoFs sowie die kumulierten Abschreibungen am Ende des Geschäftsjahres	
Angaben zur Folgebewertung des Geschäfts- oder Firmenwertes		
Allgemeine Angaben zur Folgebewertung		
22	Umstände die zur Erfassung der Wertminderung geführt haben	
23	Höhe des erfassten Wertminderungsaufwand	*IAS*
24	Beschreibung der vom Wertminderungsaufwand betroffenen ZMGE	*36.130*
25	Ängaben zu Änderungen der Zusammensetzung von ZMGE	
26	Angaben zu jenen Teilen des Geschäfts- oder Firmenwertes, der noch nicht auf eine ZMGE verteilt wurde	*IAS* *36.133*
Spezielle Angaben für jede ZMGE der ein wesentlicher Anteil des Geschäfts- oder Firmenwertes zugeordnet wurde		
27	Buchwert des GoFs der auf eine ZMGE entfällt	
28	Falls erzielbarer Betrag = **Nutzungswert** dann: - Beschreibung der Vorgehensweise wie das Unternehmen zu den Cashflow-Prognosen gelangt ist - Planungshorizont der Cashflow-Prognosen - Wachstumsrate, die zur Extrapolation der Cashflow-Prognosen zugrunde gelegt wurde - Diskontierungszinssatz	
29	Falls erzielbarer Betrag = **Zeitwert abzüglich Verkaufskosten** dann: - Beschreibung der Vorgehensweise wie das Unternehmen zum Zeitwert abzüglich Verkaufskosten gelangt ist und Angabe Gründe die zu einer möglichen veränderten Vorgehensweise geführt haben - Im Falle einer Ermittlung durch diskontierte Cashflow-Prognosen: - Periode für die das Management Cashflows prognostiziert hat - Wachstumsraten und Diskontierungszinssätze	*IAS* *36.134*
30	Angaben, falls veränderte Annahmen dazu geführt haben, dass der Buchwert des ZMGE den erzielbaren Betrag übersteigt und somit keine Abschreibung zu erfassen ist	

Tabelle 7: Publizitätscheckliste IFRS
Quelle: Eigene Darstellung

Auf Grundlage der erstellten Checklisten werden die verschiedenen Abschlüsse der Jahre 2009-2011 anschließend auf die potentiell zu erbringenden Angaben überprüft. Sind die Unternehmen einer geforderten Angabe nachgekommen, so wird dies mit einer „1" bewertet. Kann keine positive Übereinstimmung festgestellt werden, erfolgt eine erneute Überprüfung, ob die geforderte Angabe von dem untersuchten Unternehmen erbracht werden muss. Ist dies der Fall, so wird eine „0" vergeben. Muss die Angabe nicht erbracht werden, so wird das Kriterium mit einem „x" bewertet. Die sich somit ergebende Bewertung bildet die Grundlage der Errechnung einer Publizitätskennzahl.[140] Diese ergibt sich, indem die Gesamtbewertung durch die Anzahl der „modifizierten" Sollangaben (Sollangaben abzüglich der mit einem „x" bewerteten Kriterien) dividiert wird.

.

5.4.2 Ergebnisse

Zur Darstellung der Ergebnisse der Publizitätsanalyse werden die ermittelten Publizitätskennzahlen in Qualitätswertklassen eingeteilt. Tabelle 6 veranschaulicht das Publizitätsverhalten der verschiedenen Unternehmen, differenziert nach HGB und IFRS. Eine der Schwierigkeiten bei der Untersuchung der

---

[140] Errechnung der Publizitätskennzahlen: Siehe Anhang

Unternehmen, die nach den IFRS bilanzieren, liegt vor allem in der Beurteilung der Wesentlichkeit. Zusätzliche Angaben müssen gem. IFRS 3.B64 nämlich nur für *wesentliche* Unternehmenszusammenschlüsse gemacht werden. Weiterhin sind im Rahmen der Folgebewertung gem. IAS 36.134 nur weiterführende Angaben zu erbringen, wenn einer ZMGE ein *wesentlicher* Anteil des GoFs zugeordnet wird. Aufgrund der fehlenden Bestimmung der Wesentlichkeitsgrenze innerhalb der IFRS ergibt sich somit ein großer Ermessensspielraum.[141] Bei der Analyse der Geschäftsberichte wird deshalb den Angaben der untersuchten Unternehmen vertraut und keine weitergehende Untersuchung bezüglich der Auslegung von Wesentlichkeitsgrenzen betrieben.

QW-Klasse	Unternehmen	
	HGB	**IFRS**
95 % - 100 %	Vodafone GmbH, M-Net GmbH	-
90 % - 95 %	-	-
85 % - 90 %	Colt Telecom GmbH	Telekom AG
80 % - 85 %	E-Plus GmbH	
75 % - 80 %	Callax Telecom GmbH	Versatel AG, United Internet AG, Freenet AG
70 % - 75 %	-	-
65 % - 70 %	-	Kabel Deutschland AG
Ø	88,81 %	77,06 %

Tabelle 8: Qualitätswertklassen nach HGB und IFRS
Quelle: Eigene Darstellung

5.4.2.1 Publizitätsverhalten nach dem HGB

Von den fünf Unternehmen, die nach den handelsrechtlichen Vorschriften bilanzieren, erreichen die Vodafone GmbH sowie die M-Net GmbH einen Qualitätswert von 100 %. Damit kommen sie allen geforderten Pflichtangaben bezüglich der Bilanzierung des Geschäfts- oder Firmenwertes nach. Der durchschnittliche Qualitätswert aller fünf Unternehmen liegt bei 88,81 % (Std. Abw.: 10,96 %). Von den insgesamt zwölf potentiell zu erfüllenden Pflichtangaben sind durchschnittlich 75,00 % beurteilbar (Std. Abw.: 23,57 %). Dieser Wert wird vor allem dadurch negativ beeinflusst, dass drei Unternehmen keine allgemeinen Angaben zu Konzernunternehmen machen (Jahresabschluss). Des Weiteren wird der GoF in den Jahren 2009-2011 nur bei zwei Unternehmen außerplanmäßig abgeschrieben. Somit lässt sich auch diese Angabe überwiegend nicht beurteilen.

Auf Konzernebene ist bei Betrachtung der Konzernabschlüsse der E-Plus GmbH sowie der Callax Telecom GmbH ein sehr gutes Publizitätsverhalten im

---

[141] Vgl. Kirsch/Koelen/Tinz (Neuregelung), 2008, S. 188.

Bereich der nach § 313 Abs. 2 HGB geforderten Angaben zu beobachten. Die Publizitätspflichten bezüglich der einbezogenen Unternehmen werden zu 100 % erfüllt. Den durch das DRSC konkretisierten Angaben zur Erläuterung des GoFs (§ 313 Abs. 3 HGB) wird hingegen nur in sehr geringem Umfang nachgekommen.

Unabhängig von der Art des Abschlusses ist die Überleitung des Geschäfts- oder Firmenwertes vom Jahresanfang zum Jahresende durchweg zufriedenstellend. Die nach § 268 Abs. 2 HGB geforderten Angaben werden von allen fünf Unternehmen zu 100 % erfüllt.

Vier Unternehmen geben Auskunft über der dem GoF zugrunde gelegten wirtschaftlichen Nutzungsdauer. Nur die Callax Telecom GmbH trifft diesbezüglich keine genauen Angaben und verweist lediglich auf eine Abschreibung entsprechend der „voraussichtlichen" Nutzungsdauer. Der GoF wird dabei von drei der fünf Unternehmen über eine Nutzungsdauer von mehr als fünf Jahren abgeschrieben. Somit sind diese Unternehmen im Hinblick auf die Ausführungen des Kapitels 3.4 und den Vorschriften des § 285 Nr. 13 HGB bzw. § 314 Abs. 1 Nr. 14 HGB zur Angabe von Gründen verpflichtet, die zu einer Nutzungsdauer von mehr als fünf Jahren führen. Kein Unternehmen kommt dieser Verpflichtung nach.

Bei der Beurteilung des Publizitätsverhaltens bezüglich außerplanmäßiger Abschreibungen ist vor allem auf die Callax Telecom GmbH einzugehen. Während die E-Plus GmbH zufriedenstellende Angaben zu außerplanmäßigen Abschreibungen macht, kommt die Callax Telecom GmbH dieser Pflicht nicht nach. Eine Zeitreihenanalyse der Jahre 2009-2011 (siehe Tabelle 7) ergibt, dass die historischen Anschaffungskosten im Jahre 2010 um T€ 1.634 angestiegen sind. Dies hat konsequenterweise eine Erhöhung der planmäßigen Abschreibungen des Jahres 2011 zur Folge. Ein mit den Jahren 2009 und 2010 verglichener Anstieg um rund 188 % kann jedoch nicht in der zusätzlichen Aktivierung des Jahres 2010 begründet sein. Im Jahre 2011 muss somit eine außerplanmäßige Abschreibung auf den GoF stattgefunden haben. Obwohl die Callax Telecom GmbH auf außerplanmäßige Abschreibungen im Gesamtbereich der immateriellen Vermögensgegenstände hinweist, kommt sie keiner expliziten Erläuterung der außerplanmäßigen Wertminderung des GoFs nach.

Callax Telecom GmbH			
	2009 (T€)	2010 (T€)	2011 (T€)
AK GoF 01.01.	11.865	11.865	13.499
AK GoF 31.12.	**11.865**	**13.499**	13.499
∑ Abschr. 01.01	6.179	7.366	8.552
Abschr. des Jahres	1.186	**1.186**	**3.415**
Buchwert 31.12.	4.499	4.947	1.531

Tabelle 9: GoF-Buchwertverlauf der Callax Telecom GmbH
Quelle: Eigene Darstellung

5.4.2.2 Publizitätsverhalten nach den IFRS

Tabelle 6 verdeutlicht, dass im Bereich der Bilanzierung nach IFRS kein Unternehmen alle geforderten Sollangaben erfüllt. Der Durchschnittswert der untersuchten Unternehmen liegt bei 77,06 % (Std. Abw.: 6,04 %). Dabei sind durchschnittlich 44,17 % (Std. Abw.: 15,89 %) der Angaben beurteilbar. Die Telekom AG kommt ihrer Publizitätspflicht mit einer Publizitätskennzahl von 86,21 % am besten nach. Die Kabel Deutschland AG hat mit einem Wert von 69,23 % das schlechteste Publizitätsverhalten. Darüber hinaus haben einzig die Telekom AG, die Versatel AG und die United Internet AG in den Jahren 2009-2011 wesentliche Unternehmenszusammenschlüsse getätigt. Dies führt gemäß IFRS 3.B64 zu weiterführenden Publizitätspflichten (siehe Checkliste). Aufgrund dessen sind 60,42 % der 48 aufgeführten Angaben bei der Telekom AG beurteilbar. Verglichen mit den anderen Unternehmen ist dies der Höchstwert der Untersuchung. Im Gegensatz dazu lassen sich bei der Kabel Deutschland AG nur rund 27,00 % der Angaben beurteilen (niedrigster Wert). Dies kann darauf zurückgeführt werden, dass weder ein wesentlicher Unternehmenszusammenschluss stattfindet, noch eine außerplanmäßige Wertminderung des Geschäfts- oder Firmenwertes vorliegt. Unter diesem Gesichtspunkt ist es beachtlich, dass die Telekom AG, trotz der hohen Anzahl potentiell zu erfüllender Angaben, den Höchstwert erzielt.

Differenziert nach den verschiedenen Publizitätsrubriken ist im Bereich der Pflichtangaben zu wesentlichen Unternehmenszusammenschlüssen primär auf die Telekom AG, Versatel AG und United Internet AG einzugehen. Die Telekom AG erfüllt dabei mit einem Erfüllungsgrad von 83,33 % einen Großteil der Angaben. Lediglich zwei Pflichtangaben werden nicht erfüllt. Im Vergleich dazu kann das Publizitätsverhalten der anderen Unternehmen mit einem Erfüllungsgrad von jeweils 60,00 % als nicht zufriedenstellend beurteilt werden. Besonders auffällig ist jedoch, dass eine Beschreibung des jeweils erworbenen Unternehmens bei allen drei Unternehmen ausbleibt.

Weiterhin hat die Versatel AG im Rahmen des unterjährigen wesentlichen Unternehmenszusammenschlusses mit der BreisNet GmbH (Jahr 2009) die Erlöse dargestellt, als läge der Erwerbszeitpunkt am Anfang der Periode. Selbiges bleibt für die Darstellung der Gewinne oder Verluste jedoch aus. Dies hat eine negative Beurteilung zur Folge. Darüber hinaus gibt es in den Jahren 2009-2011, mit Ausnahme der Freenet AG, bei allen untersuchten Unternehmen unwesentliche Unternehmenszusammenschlüsse. Der aggregierten Zusammenfassung der in IFRS 3.B64 geforderten Angaben kommt dabei kein Unternehmen nach.

Im Gegensatz dazu werden die Informationen bezüglich der Überleitung des GoFs gut publiziert. Alle Unternehmen leiten den Betrag des Geschäfts- oder Firmenwertes des Geschäftsjahresanfangs zum Geschäftsjahresende über. Der in IFRS 3.B67 geforderten Angabe aufgrund latenter Steueransprüche kommt dabei kein Unternehmen nach. Währungsumrechnungsdifferenzen gem. IAS 21 weisen nur die Telekom AG sowie die United Internet AG aus.

Bei der Beurteilung des Publizitätsverhaltens der Folgebewertung wird zwischen den allgemeinen Angaben zur Folgebewertung und speziellen Angaben bezüglich jener ZMGE, der ein wesentlicher Anteil des Geschäfts- oder Firmenwertes zugeteilt wird, unterschieden. In den Jahren 2009-2011 wird der GoF dabei von drei Unternehmen außerplanmäßig abgeschrieben (Telekom AG, Versatel AG, United Internet AG). In diesem Zusammenhang machen alle Unternehmen Angaben zu den Umständen, die zur Erfassung der Wertminderung des Geschäfts- oder Firmenwertes führen. Weiterhin wird der GoF bei der Versatel AG sowie bei der United Internet AG vollständig auf ZMGE verteilt. Nur bei der Telekom AG ergibt sich ein verbleibender GoF nach der Verteilung auf die entsprechenden ZMGE. Die Zahl der ZMGE, denen Teile des GoFs zugewiesen werden, variiert bei den untersuchten Unternehmen und reicht von zwei bis zwanzig ZMGE. Für den Zeitraum 2009-2011 ist dabei bei vier Unternehmen ein abnehmender Trend zu erkennen (siehe Anhang 8). Lediglich bei der United Internet AG ist die Anzahl der ZMGE gestiegen. Dies hat zur Folge, dass auch der Gesamtdurchschnitt von sieben ZMGE (2009) auf sechs ZMGE (2011) sinkt. Dieser Trend ist negativ zu beurteilen, da sich die Unternehmen so dem Grundgedanken des IAS 36.80 entfernen, den GoF auf möglichst niedriger Ebene von ZMGE zuzuordnen. Im Hinblick auf das Publizitätsverhalten dieser ZMGE ist weiterhin zu erwähnen, dass alle untersuchten Unternehmen Angaben zu dem Buchwert des GoFs machen der auf eine ZMGE entfällt. Darüber hinaus wird der erzielbare Betrag bei drei Unternehmen in Form des Zeitwertes abzüglich des Veräußerungswertes ermittelt. Lediglich bei der United Internet AG entspricht der erzielbare Betrag dem Nutzungswert. Bis auf die Kabel Deutschland AG, welche für die Ermittlung des Zeitwertes abzüglich Veräußerungskosten keinen Planungshorizont angibt, führen die restlichen vier Unternehmen alle geforderten Angaben zur Ermittlung des erzielbaren Betrages auf.

Zusammenfassend verdeutlicht Tabelle 8 die Qualitätswertklasseneinteilung der verschiedenen Unternehmen die nach den Vorschriften der IFRS bilanzieren bezüglich der Ermittlung und Folgebewertung des Geschäfts- oder Firmenwertes. Dabei ist erwähnenswert, dass von den potentiell 24 zu erfüllenden Angaben im Bereich der Ermittlung des GoFs durchschnittlich 15 beurteilbar sind. Bezogen auf die Folgebewertung ergibt sich ein Verhältnis von 14 zu 7.

IFRS			
Ermittlung des GoFs		Folgebewertung des GoFs	
QW-Klasse	Unternehmen	QW-Klasse	Unternehmen
95 % - 100 %	-	95 % - 100 %	Versatel AG
90 % - 95 %	-	90 % - 95 %	-
85 % - 90 %	Telekom AG	85 % - 90 %	Telekom AG, United Internet AG
80 % - 85 %		80 % - 85 %	Freenet AG
75 % - 80 %	Freenet AG, Kabel Deutschland AG	75 % - 80 %	Kabel Deutschland AG
70 % - 75 %		70 % - 75 %	-
65 % - 70 %	United Internet AG, Versatel AG	65 % - 70 %	-
Ø	74,02 %	Ø	86,28 %

Tabelle 10: Qualitätswertklasseneinteilung IFRS
Quelle: Eigene Darstellung

5.4.2.3 Vergleich und Beurteilung

Die Betrachtung der durchschnittlichen Publizitätskennzahlen weckt den Anschein, dass das Publizitätsverhalten im Bereich der Unternehmen, die nach dem HGB bilanzieren, besser ist. Der durchschnittliche Qualitätswert liegt bei 88,81 % (Std. Abw.:10,96 %). Im Gegensatz dazu beträgt der Qualitätswert bei den Unternehmen, die nach den internationalen Rechnungslegungsvorschriften der IFRS bilanzieren, nur 77,06 % (Std. Abw.: 6,04 %). Ein Vergleich der beiden Checklisten zeigt jedoch, dass im Rahmen der IFRS Bilanzierung viel detailliertere Angaben gefordert sind. Die durch das Gesetz geforderten Angaben der HGB-Checkliste sind im Vergleich zu den Angaben der IFRS-

Checkliste nicht besonders tiefgehend. Ein niedriger Wert innerhalb der IFRS-Rechnungslegung kann somit einen qualitativ weitaus höheren Informationsgehalt aufweisen als ein hoher Wert innerhalb der handelsrechtlichen Rechnungslegung. Trotzdem bleibt die Beurteilung der Aussagekraft der unternehmensindividuellen Publizitätskennzahlen der Unternehmen die nach den IFRS bilanzieren aufgrund der eingangs erwähnten Wesentlichkeitsproblematik schwierig.

Sowohl der höhere Umfang als auch der höhere Detaillierungsgrad an verpflichtenden Angaben kann mit dem Ziel der Rechnungslegung nach IFRS begründet werden. Im Gegensatz zur handelsrechtlichen Rechnungslegung steht dabei die Vermittlung von entscheidungsrelevanten Informationen für die Abschlussadressaten im Vordergrund. Das handelsrechtliche Rechnungslegungssystem ist im Gegensatz dazu vor allem auf Jahresabschlussebene Zielkonflikten ausgesetzt, wobei die Informationsfunktion hinter der als bedeutsamer angesehenen Aufgabe des Gläubigerschutzes zurücktritt.[142]

Weiterhin enthält die IFRS-Checkliste 48 potentiell zu erfüllende Angaben, die mit der Bilanzierung des Geschäfts- oder Firmenwertes in Verbindung stehen. Von diesen sind durchschnittlich 21 erfüllbar. Letztendlich publiziert werden davon im Schnitt noch ca. 17 Angaben. Im Gegensatz dazu können die Unternehmen auf Grundlage der HGB-Checkliste nur auf maximal zwölf zu erfüllende Pflichtangaben überprüft werden, von denen durchschnittlich neun beurteilbar sind. Von den neun durchschnittlich zu beurteilbaren Angaben werden im Schnitt acht publiziert. Eine Begründung für die durchschnittlich höheren Qualitätswertklassen der Unternehmen, die nach dem HGB bilanzieren, könnte somit auch darin bestehen, dass es den Unternehmen schlichtweg einfacher fällt, den sowohl quantitativ als auch qualitativ geringeren Anforderungen des HGBs gerecht zu werden.

6 Kritische Würdigung

Die Ausführungen dieses Buches zeigen, dass hinsichtlich des Aktivierungsverbots für den originären GoF eine konzeptionelle Übereinstimmung der beiden Rechnungslegungssysteme besteht. Dies ist besonders im Hinblick auf die Ziele der handelsrechtlichen Rechnungslegung zu begrüßen. Aufgrund des hohen Bewertungs- bzw. Objektivierungsproblems würde die Aktivierung

---

[142] Vgl. Aschfalk-Evertz (Internationale Rechnungslegung), 2011, S. 7.

des originären Geschäfts- oder Firmenwertes zu einer eventuell nicht werthaltigen Freisetzung von Mitteln führen, was einen Substanzverlust zur Folge hätte. Das dem Vorsichtsprinzip entstammende Verbot einer Aktivierung ist deshalb konform mit der handelsrechtlichen Zielsetzung der Kapitalerhaltung (Gläubigerschutz).

Auch bei der Bilanzierung des derivativen Geschäfts- oder Firmenwertes herrscht ein weitestgehend konzeptioneller Konsens. Unabhängig von der tatsächlichen Erfüllung der allgemeinen Aktivierungsvoraussetzungen des jeweiligen Rechnungslegungssystems gelingt dem derivativen GoF sowohl nach dem HGB als auch nach den Vorschriften der IFRS die Aktivierung durch eine Spezialvorschrift. Aufgrund der enormen ökonomischen Bedeutung des Geschäfts- oder Firmenwertes, wie sie auch im Rahmen der empirischen Analyse festgestellt wurde, ist eine verpflichtende Aktivierung (auch über den Umweg einer Fiktion) besonders im Hinblick auf das Informationspotential positiv zu beurteilen.

Bei der Bestimmung des erstmaligen Wertansatzes des Geschäfts- oder Firmenwertes zeigen die Ausführungen dieses Buches, vor allem bei der Bewertung potentieller Minderheitenanteile (Beteiligungserwerb < 100 %), konzeptionelle Unterschiede zwischen dem HGB und den IFRS. Während die Minderheitenanteile nach den Vorschriften des HGB stets beteiligungsproportional zu bewerten sind, kann nach den IFRS, wie in Kapitel 4.3.2.2 dargestellt, darüber hinaus eine Bewertung zum Fair Value erfolgen. Dieses für jeden Unternehmenszusammenschluss neu auszuübende Wahlrecht ist konträr zu den Zielen der Rechnungslegung nach IFRS, da es die Vergleichbarkeit der IFRS-Abschlüsse erheblich einschränkt (Einschränkung der Informationsfunktion).[143] Unter diesem Gesichtspunkt wäre eine einheitliche Regelung, wie sie auch im Handelsrecht kodifiziert ist, zu bevorzugen.

Auch bei der Folgebewertung des GoFs verfolgen beide Rechnungslegungssysteme hinsichtlich der Wertminderungserfassung unterschiedliche Ansätze. Der Kombination aus planmäßiger und außerplanmäßiger Abschreibung des handelsrechtlichen Systems steht der Impairment-Only-Approach der IFRS gegenüber. Vor dem Hintergrund, dass die Ermittlung der voraussichtlichen wirtschaftlichen Nutzungsdauer eines GoF schwierig bzw. unmöglich ist, muss

---

[143] Vgl. Haaker, Andreas (Full Goodwill), 2008, S. 194.

die Sinnhaftigkeit zur Vornahme planmäßiger Abschreibungen gemäß des handelsrechtlichen Systems hinterfragt werden. Aber auch die Beschränkung auf außerplanmäßige Abschreibungen, so wie es nach den IFRS der Fall ist, führt zu konzeptionellen Schwächen. Daher ist es fraglich, ob die Annahme einer unbegrenzten Nutzungsdauer des aktivierten GoFs Bestand hat. Weiterhin hat sich herausgestellt, dass in der Praxis viele Unternehmen tricksen, sobald sich bei einer ZMGE ein außerplanmäßiger Abschreibungsbedarf ergeben hat. Da die Parameter des jährlichen Impairment-Tests unternehmensintern bestimmt werden, ergibt sich ein enormer Manipulationsspielraum.[144] Unternehmen haben die Möglichkeit, ein vorhandenes außerplanmäßiges Abschreibungspotential für einen langen Zeitraum zu verbergen. Zudem kommt es bei einem Verzicht auf planmäßige Abschreibungen im Laufe der Zeit zwangsläufig zu einem „GoF-Substitutionseffekt". Dies bedeutet, dass der originäre GoF im Zeitablauf an die Stelle des derivativen GoFs tritt. Hervorgerufen wird dieser Effekt dadurch, dass der erstmalig entgeltlich erworbene GoF durch die Nutzung der erwarteten Synergiepotentiale einem Werteverzehr unterliegt. Wird nun im Rahmen des jährlichen Werthaltigkeitstests keine Wertminderung festgestellt, so hat der originäre GoF den derivativen zwangsläufig überlagert.[145] Die Bilanzierung des originären GoFs ist folglich konträr zu dem in IAS 38.48 festgesetzten Aktivierungsverbot.

Die empirische Analyse zeigt, dass der Telekommunikationsbranche hinsichtlich der Bilanzierung des GoFs ein verhältnismäßig hoher Stellenwert zuzusprechen ist. Die potentielle Gefahr dieser Relevanz wird vor allem dann deutlich, wenn der GoF in Relation zum Eigenkapital gesetzt wird. Bei den Unternehmen, die nach den Vorschriften der IFRS bilanzieren, macht der GoF in den Jahren 2009-2011 durchschnittlich knapp 75 % des Eigenkapitals aus. Vereinzelt übersteigt der GoF sogar die Summe des Eigenkapitals. Vor dem Hintergrund des enormen Abschreibungspotentials ist dies als kritisch zu beurteilen.

Bei Betrachtung der Ergebnisse der Publizitätsanalyse ist speziell bei den Unternehmen, die nach dem HGB bilanzieren auffällig, dass vor allem quantitative Angaben bezüglich des GoFs zu einem sehr hohen Grad publiziert werden. Im Gegensatz dazu werden qualitative Angaben, wie zum Beispiel der Angabe

---

[144] Vgl. Schürmann (Handelsblatt), 2013.
[145] Vgl. Haaker, Andreas (Impairment-Test), 2005, S. 428.

von Gründen von einer Nutzungsdauer von mehr als fünf Jahren, gar nicht erfüllt. In diesem Bereich besteht deshalb großer Verbesserungsbedarf.

Das Publizitätsverhalten der Unternehmen, die nach den Vorschriften der IFRS bilanzieren, ist teilweise sehr heterogen. Dabei ist vor allem das Kriterium der Wesentlichkeit als kritisch zu beurteilen. Wie bereits erläutert, sind viele wichtige Informationen zur Beurteilung der Bilanzierung des GoFs an Wesentlichkeitsgrenzen gebunden. Sind Unternehmen nun bestrebt, bestimmte Informationen nicht zu veröffentlichen, kann dies durch ein Verschieben der Wesentlichkeitsgrenzen gelingen. Wie im Rahmen der empirischen Analyse dieser festgestellt, erschwert dies die Beurteilung des Publizitätsverhaltens sowie der Bilanzierung des GoFs im Allgemeinen.

All umfassend zeigen die Ausführungen dieses Buches jedoch vor allem, dass der spezielle Charakter des GoFs sowohl die nationale als auch internationale Bilanzierungspraxis vor große Schwierigkeiten stellt. Bezüglich der Bilanzierungsvorschriften ist rechnungslegungsübergreifend nur teilweise ein konzeptioneller Konsens feststellbar. Aufgrund der hohen ökonomischen Relevanz fordern beide Rechnungslegungsvorschriften umfassende Informationspflichten hinsichtlich der Bilanzierung des GoFs. Fraglich ist dabei aber vor allem, ob bzw. inwiefern Unternehmen tatsächlich in der Lage sind, die teilweise tiefgründigen Informationspflichten der Bilanzierung des GoFs nachzukommen.

7 Quellenverzeichnis

Achleitner, Ann-Kristin/Behr, Giorgio/Schäfer, Dirk, Internationale Rechnungslegung, 4. Aufl., München 2009 (Internationale Rechnungslegung).

Aschfalk-Evertz, Internationale Rechnungslegung, Konstanz 2011 (Internationale Rechnungslegung).

Baetge, Jörg/Kirsch, Hans-Jürgen/Thiele, Stefan, Bilanzen, 11. Aufl., Düsseldorf 2011 (Bilanzen).

Baetge, Jörg/Kirsch, Hans-Jürgen/Thiele, Stefan, Konzernbilanzen, 9. Aufl., Düsseldorf 2011 (Konzernbilanzen).

Beck, Ralf/Klar, Michael, Asset Deal versus Share Deal - Eine Gesamtbetrachtung unter expliziter Berücksichtigung des Risikoaspekts, in: DB 2007, S. 2819-2826 (Unternehmenszusammenschlüsse).

Bieg, Hartmut/Kußmaul, Heinz/Waschbusch, Gerd, Externes Rechnungswesen, 6. Aufl., München 2012 (Externes Rechnungswesen).

Bieg, Hartmut u. a., Handbuch der Rechnungslegung nach IFRS, 2. Aufl., Düsseldorf 2009 (Handbuch IFRS).

Bitz, Michael/Schneeloch, Peter/Wittstock, Wilfried, Der Jahresabschluss, 5. Aufl., München 2011 (Jahresabschluss).

Buchholz, Rainer, Grundzüge des Jahresabschlusses nach HGB und IFRS, 7. Aufl., München 2011 (Grundzüge Jahresabschluss).

Buchholz, Rainer, Internationale Rechnungslegung, 5. Aufl., Berlin 2005 (Internationale Rechnungslegung).

Busse von Colbe, Walther u. a., Konzernabschlüsse, 9. Aufl., Wiesbaden 2010 (Konzernabschlüsse).

Creutzmann, Andreas, Purchase Price Allocation nach IFRS/IAS, in: GoingPublic 2006, S. 48-50 (Purchase Price Allocation).

Coenenberg, Adolf/Haller, Axel/Schultze, Wolfgang, Jahresabschluss und Jahresabschlussanalyse, 22. Aufl., Stuttgart 2012 (Jahresabschluss).

Dusemond, Michael, Das neue deutsche Bilanzrecht (Bilanzrecht), in: Küting, Karlheinz/Pfitzer, Norbert/Weber, Claus-Peter (Hrsg.), Das neue deutsche Bilanzrecht, 2. Aufl., Ulm 2009, S. 57-81.

Federmann, Rudolf, Bilanzierung nach Handelsrecht, Steuerrecht und IAS/IFRS, 12. Aufl., Berlin 2010 (Bilanzierung).

Fischer, Aline/Schneider Wilhelm, Goodwill-Bilanzierung nach IFRS 3, Saabrücken 2007 (Goodwill-Bilanzierung).

Fuchs, Harald, Goodwill Accounting nach IFRS und Bilanzsteuerrecht, Diss., Wirtschaftsuniversität Wien, Wien 2008 (Goodwill-Accounting).

Haaker, Andreas, Potential der Goodwill-Bilanzierunng nach IFRS für eine Konvergenz im wertorientierten Rechnungswesen, Wiesbaden 2008 (Konvergenz).

Haaker, Andreas, Das Wahlrecht zur Anwendung der full goodwill method nach IFRS (2008), in: PiR 2008, S. 188-194 (Full Goodwill).

Haaker, Andreas, Die Zuordnung des Goodwill auf Cash Generating Units zum Zweck des Impairment-Tests nach IFRS, in: KoR 2005, S. 426-434 (Impairment-Test).

Hayn, Sven/ Hold-Paetsch, Christiane, Darstellung des Abschlusses (IFRS 2010), in: Ballwieser, Wolfgang u. a. (Hrsg.), International Financial Reporting Standards, 6. Aufl., Weinheim 2010.

Heno, Rudolf, Jahresabschluss nach Handelsrecht, Steuerrecht und internationalen Standards (IFRS), 7. Aufl., Heidelberg 2011 (Jahresabschluss).

Heuser, Paul J., IFRS Handbuch (IFRS Handbuch), in: Heuser, Paul J./Theile, Carsten (Hrsg.), IFRS Handbuch, 4. Aufl., Köln 2009.

Hugentobler, Walter/Blattner, Matthias/Winterhalter, Alois, Finanzmanagement (Finanzmanagement), in: Schaufelbühl, Karl/Hugentobler, Walter/Blattner, Matthias (Hrsg.), Betriebswirtschaftslehre für Bachelor, 2. Aufl., Zürich 2007.

IDW, International Financial Reporting Standards, 6. Aufl., Düsseldorf 2011 (IFRS).

Kirsch, Hans-Jürgen, Der Ansatzzeitpunkt für selbsterstelltes immaterielles Anlagevermögen (Immaterielles Anlagevermögen), in: Lück, Wolfgang (Hrsg.), Jahrbuch für Wirtschaftsprüfung, Interne Revision und Unternehmensberatung 2011, München 2011.

Kirsch, Hans-Jürgen/Koelen, Peter/Tinz, Oliver, Die Berichterstattung der DAX-30-Unternehmen in Bezug auf die Neuregelung des impairment only approach des IASB (Teil 2), in: KoR 2008, S. 188-193 (Neuregelung).

KPMG AG, IFRS Aktuell, Stuttgart 2004 (IFRS Aktuell).

KPMG AG, IFRS Visuell, 4. Aufl., Stuttgart 2010 (IFRS Visuell).

Küting, Karlheinz, Der Geschäfts- oder Firmenwert als Schlüsselgröße der Analyse von Bilanzen deutscher Konzerne, in: DB 2005, S. 2757-2765 (Schlüsselgröße).

Küting, Karlheinz/Ellmann David, Das neue deutsche Bilanzrecht (Bilanzrecht), in: Küting, Karlheinz/Pfitzer, Norbert/Weber, Claus-Peter (Hrsg.), Das neue deutsche Bilanzrecht, 2. Aufl., Ulm 2009, S. 263-292.

Küting, Karlheinz/Koch, Christian, Der Goodwill in der deutschen Bilanzierungspraxis, in: StuB 2003, S. 49-53 (Globalisierung).

Küting, Karlheinz/Pfitzer, Norbert/Weber, Claus-Peter, IFRS oder HGB?, 2. Aufl., Stuttgart 2013 (IFRS oder HGB).

Leibfried, Peter/Fassnacht, Andreas, Unternehmenserwerb und Kaufpreisallokation, in: KoR 2007, S. 48-57 (Unternehmenserwerb).

Lersmacher, Christoph, Die Bilanzierung des Goodwill aus der Kapitalkonsolidierung nach IFRS und US-GAAP, Norderstedt 2006 (Goodwillbilanzierung).

Lüdenbach, Norbert/Hoffmann, Wolf-Dieter, § 1 Rahmenkonzept (IFRS Kommentar), in: Lüdenbach, Nobert/Hoffmann, Wolf-Dieter (Hrsg.), IFRS Kommentar, 9. Aufl., Freiburg 2011.

Lüdenbach, Norbert, § 31 Unternehmenszusammenschlüsse (IFRS Kommentar), in: Lüdenbach, Nobert/Hoffmann, Wolf-Dieter (Hrsg.), IFRS Kommentar, 9. Aufl., Freiburg 2011.

Mackenzie, Bruce u. a., IFRS 2012, 9. Aufl., New York 2012 (IFRS 2012).

Meyer, Conrad/Halberkann, Jerome, Goodwill-Impairment, in: Der Schweizer Treuhänder 2012, S. 312-316 (Goodwill-Impairment).

Möller, Hans Peter/Hüfner Bernd, Buchführung und Finanzberichte, 3. Aufl., München 2009 (Buchführung).

Müller, Stefan/Kreipl Markus, § 300 Konsolidierungsgrundsätze, Vollständigkeitsgebot (Bilanzkommentar), in: Bertram Klaus u. a. (Hrsg.), Haufe HGB Bilanzkommentar, 2. Aufl., Freiburg 2010.

Müller, Stefan/Kreipl Markus, § 307 Anteile anderer Gesellschafter (Anteile anderer Gesellschafter), in: Bertram Klaus u. a. (Hrsg.), Haufe HGB Bilanzkommentar, 2. Aufl., Freiburg 2010.

Müller, Stefan, § 301 Kapitalkonsolidierung (Bilanzkommentar), in: Bertram Klaus u. a. (Hrsg.), Haufe HGB Bilanzkommentar, 2. Aufl., Freiburg 2010.

Noodt, Andreas, $ 246 Vollständigkeit; Verrechnungsverbot (Bilanzkommentar), in: Bertram Klaus u. a. (Hrsg.), Haufe HGB Bilanzkommentar, 2. Aufl., Freiburg 2010.

Petersen, Karl/Bansbach, Florian/Dornbach, Eike, IFRS Praxishandbuch, 7. Aufl., München 2009 (Praxishandbuch).

Petersen, Karl/Zwirner, Christian, Konzernrechnungslegung nach HGB, Weinheim 2009 (Konzernrechnungslegung HGB).

Philipps, Holger, Rechnungslegung nach BilMoG, Wiesbaden 2010 (Rechnungslegung).

Rogler, Silvia/Straub, Sandro Veit/Tettenborn, Martin, Bedeutung des Goodwill in der Bilanzierungspraxis deutscher kapitalmarktorientierter Unternehmen, in: KoR 2012, S. 343-347 (Bedeutung des Goodwill).

Ruhnke, Klaus/Simons, Dirk, Rechnungslegung nach IFRS und HGB, 3. Aufl., Stuttgart 2012 (Rechnungslegung).

Scherrer, Gerhard, Rechnungslegung nach neuem HGB, 3. Aufl., München 2011 (Rechnungslegung HGB).

Schmidt, Ingo M., Bilanzierung des Goodwills im internationalen Vergleich, Wiesbaden 2002 (Goodwillbilanzierung).

Spanninger, Johanna, Hinkt Deutschland der Welt hinter? - Jahresrückblick auf das deutsche M&A-Geschehen 2010, in: M&A Review 2011, S. 49-57 (M&A).

Theile, Carsten, IFRS Handbuch, in: Heuser, Paul J./Theile, Carsten (Hrsg.), IFRS Handbuch, 4. Aufl., Köln 2009 (IFRS Handbuch).

Obermeier, Thomas/Gasper, Richard, Investitionsrechnung und Unternehmensbewertung, München 2008 (Investitionsrechnung).

Ohms, Verena, Die Bilanzierung des Goodwill im Konzernabschluss nach HGB und IFRS, Diss., Universität Bielefeld, Frankfurt 2010 (Goodwill Konzernabschluss).

Warth & Klein Grant Thornton AG, Aktuelle Information zum Bilanzrechtsmodernisierungsgesetz (BilMoG), Düsseldorf 2010 (BilMoG).

Welling, Marion/Lewang, Katja, Die bilanzielle Behandlung des passiven Unterschiedsbetrags nach BilMoG, in: DB 2011, S. 2737-2738 (Unterschiedsbetrag).

Weißenberger, Barbara/Fülbier, Rolf Uwe/Mages, Monika, IFRS-Kaufpreisallokation und Goodwill-Impairment (IFRS-Kaufpreisallokation), in: Jürgen Weber (Hrsg.), Advanced Controlling, Weinheim 2008.

Westerfelhaus, Herwarth, Zwei-Stufen-Ermittlung zum bilanzierungsfähigen Vermögensgegenstand, in: DB 1995, Heft 18, S. 885-889 (Vermögensgegenstand).

Wöhe, Günter/Kußmaul, Heinz, Grundzüge der Buchführung und Bilanztechnik, 8. Aufl., München 2012 (Buchführung).

Wöltje, Jörg, Bilanzen lesen-verstehen-gestalten, 10. Aufl., Freiburg 2011 (Bilanzen lesen).

Wulf, Inge, Immaterielle Vermögenswerte nach IFRS, Berlin 2008 (Immaterielle Vermögenswerte).

Wulf, Inge, Bilanzierung des Goodwill nach IFRS 3 und IAS 36, in: KoR 2009, S. 729-736 (Goodwillbilanzierung).

Zimmermann, Jochen/Werner, Jörg Richard/Hitz, Jörg-Markus, Buchführung und Bilanzierung nach IFRS, München 2011 (Bilanzierung).

Zwirner, Christian/Busch, Julia/Mugler, Jörg/ Kaufpreisallokation und Impairment-Test, in: KoR 2012, S. 425-431 (Impairment-Test).

Verzeichnis der Internetquellen

Castedello, Marc/Klingbeil, Christian, Purchase Price Allocation, URL: http://www.kpmg.de/docs/20080601_Purchase_Price_Allocation.pdf (21.06.2013) (Kaufpreisallokation).

Dengl, G., Neuregelung der Goodwill-Bilanzierung nach IFRS, URL: http://www.genios.de/wirtschaft/neuregelung_der_goodwill_bilanzierung/c_unt ernehmensbewertung_20030530.html (07.08.2013) (Auswirkungen).

Hennes, Markus/Louven, Sandra, Handelsblatt: „Wir fressen uns selbst auf", URL: http://www.handelsblatt.com/unternehmen/handel-dienstleister/telekom-bilanzanalyse-wir-fressen-uns-selbst-auf/3426174.html (21.07.2013) (Telekom).

Küting, Karlheinz/Stampa, Dante, Der Geschäfts- oder Firmenwert in den Konzernabschlüssen deutscher IFRS-Bilanzierer, URL: http://www.stampagroup.com/fileadmin/media/downloads/ARTICLE_Kueting_ Stampa_Goodwill_endgueltig_20100823_de.pdf (12.06.2013) (Firmenwert).

PwC AG, Wie viel ist Ihr Goodwill wert?, 2011, URL: http://www.pwc.ch/user_content/editor/files/publ_adv/pwc_wie_viel_ist_ihr_go odwill_wert_11_d.pdf (21.07.2013) (Studie).

Schürmann, Christof, Mehr Schein als Sein, 2013, URL: http://www.handelsblatt.com/finanzen/boerse-maerkte/boerse-inside/bilanzcheck-dax-mehr-schein-als-sein/8607302.html (08.08.2013) (Handelsblatt).

Voss, Markus, Die Scheinriesen, URL: http://www.focus.de/finanzen/boerse/bilanzen-die-scheinriesen_aid_699214.html (21.07.2013) (Telekom AG).

8 Normenverzeichnis

1. Gesetze

HGB: Handelsgesetzbuch vom 10. Mai 1897, in RGBl. 1897, S. 219, zuletzt geändert durch Gesetz vom 04.07.2013 (BGBl. S. 1981) m. W. v. 22.07.2013.

2. Gesetzesentwürfe und Begründungen

BR-Drucks. 344/08: Entwurf eines Gesetzes zur Modernisierung des Bilanzrechts (Bilanzrechtsmodernisierungsgesetz - BilMoG), in: BR-Drucks. 344/08 vom 23. Mai 2008

BT-Drucks. 16/10067: Entwurf eines Gesetzes zur Modernisierung des Bilanzrechts (Bilanzrechtsmodernisierungsgesetz - BilMoG), in: BT-Drucks. 16/10067 vom 30. Juli 2008.

3. Standards des DRSC

DRS 4: Deutscher Rechnungslegungsstandard Nr. 4 (DRS 4), Unternehmenserwerbe im Konzernabschluss, vom 29. August 2000, Bekanntmachung durch das BMJ am 30. Dezember 2000.

4. Standards des IASB

IAS 1: International Accounting Standard IAS 1 (überarbeitet 2012), Darstellung des Abschlusses, vom Januar 2013.

IAS 21: International Accounting Standard IAS 21 (überarbeitet 2008), Auswirkungen von Änderungen der Wechselkurse, vom Juli 2009.

IAS 27: International Accounting Standard IAS 27 (überarbeitet 2011), Separate Abschlüsse nach IFRS, vom Mai 2011.

IAS 36: International Accounting Standard IAS 36 (überarbeitet 2009), Wertminderungen von Vermögenswerten, vom April 2009.

IAS 38: International Accounting Standard IAS 38 (überarbeitet 2009), Immaterielle Vermögenswerte, vom Juli 2009.

IFRS 3: International Financial Reporting Standard IFRS 3 (überarbeitet 2010), Unternehmenszusammenschlüsse, vom Juli 2010.

9 Anhang

Anhang 1: Datenmaterial zur bilanziellen Bedeutung (HGB)

Anhang 2: Datenmaterial zur bilanziellen Bedeutung (IFRS)

Anhang 3: Datenmaterial zur Folgebewertung (HGB)

Anhang 4: Datenmaterial zur Folgebewertung (IFRS)

Anhang 5: Datenauswertung Publizitätsanalyse

Anhang 6: Publizitätschecklisten HGB

Anhang 7: Publizitätschecklisten IFRS

Anhang 8: Aufteilung des GoFs auf ZMGE

Anhang 1: Datenmaterial zur bilanziellen Bedeutung (HGB)

Verhältnis zur BS

	2009			2010			2011			
	GoF	Bilanzsumme	GoF/BS	GoF	Bilanzsumme	GoF/BS	GoF	Bilanzsumme	Ø GoF/BS (09-11)	Std. Abw. (09-11)
Vodafone	547.226.000	9.972.820.000	5,49%	410.419.000	10.075.116.000	4,07%	273.613.000	10.237.144.000	4,08%	1,41%
E-Plus	1.538.829.000	26.376.661.000	5,83%	1.278.384.000	24.627.968.000	5,19%	1.003.964.000	24.010.453.000	5,07%	0,83%
Callax Telecom	4.499.382	41.715.092	10,79%	4.947.031	66.263.703	7,47%	1.531.309	113.007.584	6,54%	4,78%
Colt Telecom	50.939.000	653.438.000	7,80%	36.385.000	589.297.874	6,17%	21.831.000	559.097.478	5,96%	1,95%
M-Net	4.915.000	144.393.000	3,40%	4.317.065	154.574.475	2,79%	3.718.793	157.637.440	2,85%	0,52%
Durchschnitt			6,66%			5,14%			4,90%	1,89%
Std. Abw.			2,78%			1,81%				1,16%

Verhältnis zum EK

	2009			2010			2011			
	GoF	Eigenkapital	GoF/EK	GoF	Eigenkapital	GoF/EK	GoF	Eigenkapital	Ø GoF/EK (09-11)	Std. Abw. (09-11)
Vodafone	547.226.000	7.518.371.000	7,28%	410.419.000	7.656.119.000	5,36%	273.613.000	7.656.119.000	5,40%	1,85%
E-Plus	1.538.829.000	-18.944.333.000	-8,12%	1.278.384.000	-17.321.336.000	-7,38%	1.003.964.000	-16.961.264.000	-5,92%	1,12%
Callax Telecom	4.499.382	21.460.000	20,97%	4.947.031	19.935.000	24,82%	1.531.309	10.263.000	20,24%	4,98%
Colt Telecom	50.939.000	71.299.211	71,44%	36.385.000	173.141.184	21,01%	21.831.000	87.612.130	39,13%	28,06%
M-Net	4.915.000	97.181.000	5,06%	4.317.065	109.523.831	3,94%	3.718.793	115.614.756	4,07%	0,93%
Durchschnitt			19,32%			9,55%			12,34%	6,09%
Std. Abw.			30,91%			13,23%			11,94%	

Anhang 2: Datenmaterial zur bilanziellen Bedeutung (IFRS)

Verhältnis zur BS

	2009			2010			2011			ø (09-11)	Std. Abw. (09-11)
	GoF	Bilanzsumme	GoF/BS	GoF	Bilanzsumme	GoF/BS	GoF	Bilanzsumme	GoF/BS		
Telekom	20.334.000.000	127.774.000.000	15,91%	20.521.000.000	127.812.000.000	16,06%	17.158.000.000	122.542.000.000	14,00%	15,32%	1,15%
Versatel	187.174.000	1.018.483.000	18,38%	94.199.000	862.895.000	10,92%	94.199.000	689.401.000	13,66%	14,32%	3,77%
Freenet	1.116.505.000	3.033.525.000	36,81%	1.115.924.000	2.542.388.000	43,89%	1.116.868.000	2.528.429.000	44,17%	41,62%	4,17%
Kabel Deutschland	287.274.000	2.365.492.000	12,14%	287.274.000	2.014.297.000	14,26%	287.274.000	2.159.820.000	13,30%	13,24%	1,06%
United Internet	398.926.000	1.323.435.000	30,14%	402.868.000	1.271.328.000	31,69%	401.295.000	1.187.011.000	33,81%	31,88%	1,84%
Durchschnitt			22,68%			23,36%			23,79%	23,28%	
Std. Abw.			10,37%			13,98%			14,35%		0,56%

Verhältnis zum EK

	2009			2010			2011			ø (09-11)	Std. Abw. (09-11)
	GoF	Eigenkapital	GoF/EK	GoF	Eigenkapital	GoF/EK	GoF	Eigenkapital	GoF/EK		
Telekom	20.334.000.000	41.937.000.000	48,49%	20.521.000.000	43.028.000.000	47,69%	17.158.000.000	39.941.000.000	42,96%	46,38%	2,99%
Versatel	187.174.000	243.187.000	76,97%	94.199.000	126.542.000	74,44%	94.199.000	85.966.000	109,59%	87,00%	19,60%
Freenet	1.116.505.000	1.047.759.000	106,56%	1.115.924.000	1.134.464.000	98,37%	1.116.868.000	1.171.293.000	95,35%	100,09%	5,80%
Kabel Deutschland	287.274.000	-1.587.719.000	-18,09%	287.274.000	-1.633.016.000	-17,59%	287.274.000	-1.576.826.000	-18,22%	-17,97%	0,33%
United Internet	398.926.000	439.762.000	90,71%	402.868.000	382.423.000	105,35%	401.295.000	154.753.000	259,31%	151,79%	93,40%
Durchschnitt			60,93%			61,65%			97,80%	73,46%	
Std. Abw.			49,06%			49,74%			103,32%		21,08%

Anhang 3: Datenmaterial zur Folgebewertung (HGB)

GoF Absch./GoF

	2009			2010			2011			
	GoF-Absch.	GoF (I/A)	GoF-Absch./GoF	GoF-Absch.	GoF (I/A)	GoF-Absch./GoF	GoF-Absch.	GoF (I/A)	GoF-Absch./GoF	Std. Abw. (09-11)
Vodafone	136.806.000	684.032.000	20,00%	136.806.000	547.226.000	25,00%	136.806.000	410.420.000	33,33%	6,74%
E-Plus	279.092.000	1.817.921.000	15,35%	282.980.000	1.538.829.000	18,39%	284.133.000	1.278.384.000	22,23%	3,44%
Callax Telecom	1.186.542	5.685.924	20,87%	1.186.542	4.499.382	26,37%	3.415.722	4.947.031	69,05%	26,37%
Colt Telecom	14.554.163	65.494.000	22,22%	14.554.163	50.940.000	28,57%	14.554.163	36.385.000	40,00%	9,01%
M-Net	598.273	10.244.000	5,84%	598.272	4.915.337	12,17%	598.272	4.317.065	13,86%	4,23%
		Durchschnitt	16,86%		Durchschnitt	22,10%		Durchschnitt	35,69%	24,88%
		Std. Abw.	6,68%		Std. Abw.	6,72%		Std. Abw.	21,18%	9,72%

Abschreibungs-belastung

	2009			2010			2011		
	GoF-Absch.	JE*	A-Belastung	GoF-Absch.	JE*	A-Belastung	GoF-Absch.	JE*	A-Belastung
Vodafone	136.806.000	941.194.000	12,69%	136.806.000	826.872.000	14,20%	136.806.000	920.479.000	12,94%
E-Plus	279.092.000	328.345.000	45,95%	279.092.000	357.280.000	43,86%	279.092.000	364.742.000	44,47%
Callax Telecom	1.186.542	70.290	94,41%	1.186.542	-6.094.420	-24,18%	3.415.722	-10.049.713	-51,49%
Colt Telecom	14.554.163	-79.437.000	-22,43%	14.554.163	-98.158.027	-17,41%	14.554.163	-85.529.063	-20,51%
M-Net	598.273	11.370.000	5,00%	598.273	17.343.336	3,33%	598.272	14.104.019	4,07%

* vor Steuern

Anhang 4: Datenmaterial zur Folgebewertung (IFRS)

GoF Absch./GoF

	2009			2010			2011			Ø 09-11	Std. Abw. (09-11)
	GoF-Absch.	GoF (JA)	GoF-Absch./GoF	GoF-Absch.	GoF (JA)	GoF-Absch./GoF	GoF-Absch.	GoF (JA)	GoF-Absch./GoF	GoF-Absch./GoF	Std. Abw. (09-11)
Telekom	2.345.000.000	20.626.000.000	11,37%	395.000.000	20.334.000.000	1,94%	3.100.000.000	20.521.000.000	15,11%	9,47%	6,78%
Versatel	0	174.234.000	0,00%	0	187.174.000	0,00%	68.586.000	94.199.000	72,81%	24,27%	42,04%
Freenet	0	1.120.162.000	0,00%	453.000	1.116.505.000	0,04%	0	1.115.924.000	0,00%	0,01%	0,02%
Kabel Deutschland	0	335.336.883	0,00%	0	287.274.000	0,00%	0	287.274.000	0,00%	0,00%	0,00%
United Internet	0	378.876.000	0,00%	162.000	398.926.000	0,04%	3.500.000	402.868.000	0,87%	0,30%	0,49%
Durchschnitt			11,37%			0,67%			29,59%	13,88%	
Std. Abw.			11,37%			1,10%			38,10%		14,62%

Abschreibungs-belastung

	2009			2010			2011		
	GoF-Absch.	JE*	A-Belastung	GoF-Absch.	JE*	A-Belastung	GoF-Absch.	JE*	A-Belastung
Telekom	2.345.000.000	2.655.000.000	46,90%	395.000.000	2.695.000.000	12,78%	3.100.000.000	3.019.000.000	50,66%
Versatel	0	-44.539.000	0,00%	0	-121.412.000	0,00%	68.586.000	-48.857.000	347,64%
Freenet	0	36.733.000	0,00%	453.000	102.640.000	0,44%	0	117.339.000	0,00%
Kabel Deutschland	0	-14.303.000	0,00%	0	-57.301.685	0,00%	0	175.842.199	0,00%
United Internet	0	327.674.000	0,00%	162.000	215.774.000	0,08%	3.500.000	260.476.000	1,38%

*vor Steuern

Anhang 5: Datenauswertung Publizitätsanalyse

IFRS

Kategorie	Gesamt			Ermittlung des GoF			Folgebewertung		
	Kennzahl	Beurteilbare Angaben	Erfüllte Angaben	Kennzahl	Beurteilbare Angaben	Erfüllte Angaben	Kennzahl	Beurteilbare Angaben	Erfüllte Angaben
Telekom	86,21%	60,42%	52,08%	85,00%	83,33%	70,83%	88,89%	64,29%	57,14%
Versatel	76,00%	52,08%	39,58%	66,67%	75,00%	50,00%	100,00%	50,00%	50,00%
Freenet	76,92%	27,08%	20,83%	75,00%	33,33%	25,00%	80,00%	35,71%	28,57%
Kabel Deutschland	69,23%	27,08%	18,75%	75,00%	37,50%	25,00%	75,00%	28,57%	21,43%
United Internet	76,92%	54,17%	41,67%	88,42%	75,00%	54,17%	87,50%	57,14%	50,00%
Durchschnitt	77,06%	44,17%	34,58%	74,02%	60,83%	45,00%	86,28%	47,14%	41,43%
Std Abw.	6,04%	15,89%	14,33%	7,21%	23,50%	19,85%	9,53%	14,81%	15,49%
Absolut (gerundet)		21	17		15	11		7	6

HGB

Kategorie	Gesamt		
	Kennzahl	Beurteilbare Angaben	Erfüllte Angaben
Vodafone	100,00%	50,00%	50,00%
E-Plus	83,33%	100,00%	83,33%
Callax Telecom	75,00%	100,00%	75,00%
Colt Telecom	85,71%	58,33%	50,00%
M-Net	100,00%	66,67%	66,67%
Durchschnitt	88,81%	75,00%	65,00%
Std Abw.	10,96%	23,57%	14,91%
Absolut (gerundet)		9	8

Anhang 6: Publizitätschecklisten HGB

Vodafone GmbH (HGB)-Jahresabschluss ***Angabepflichten zu Konzernunternehmen*** *Allgemeine Angaben zum Konsolidierungskreis*		*1*	*0*	*x*
1	Name des in den Konzernabschluss einbezogenen Unternehmens			x
2	Sitz des in den Konzernabschluss einbezogenen Unternehmens			x
3	Anteil des in den Konzernabschluss einbezogenen Unternehmens			x
Angaben zum Geschäfts- oder Firmenwert				
4	Erläuterung des Geschäfts- oder Firmenwertes inkl. wesentlicher Änderungen zum Vorjahr			x
Angabepflichten zu Konzern- und Einzelunternehmen				
Angaben zum Geschäfts- oder Firmenwert				
5	Überleitungsrechnung des Buchwertes des GoFs	1		
	- Gesamte Anschaffungskosten	1		
	- Zugänge	1		
	- Abgänge	1		
	- Umbuchungen	1		
	- Kumulierte Abschreibungen	1		
	- Abschreibungen des Geschäftsjahres	1		
6	Angabe von Gründen von einer Nutzungsdauer > 5 Jahre			x
Angaben zur Folgebewertung				
7	Angabe einer potentiellen außerplanmäßigen Abschreibung auf den GoF			x
Σ		6	0	6
Publizitätskennzahl			**100 %**	

E-Plus GmbH (HGB)-Konzernabschluss ***Angabepflichten zu Konzernunternehmen*** *Allgemeine Angaben zum Konsolidierungskreis*		*1*	*0*	*x*
1	Name des in den Konzernabschluss einbezogenen Unternehmens	1		
2	Sitz des in den Konzernabschluss einbezogenen Unternehmens	1		
3	Anteil des in den Konzernabschluss einbezogenen Unternehmens	1		
Angaben zum Geschäfts- oder Firmenwert				
4	Erläuterung des Geschäfts- oder Firmenwertes inkl. wesentlicher Änderungen zum Vorjahr		0	
Angabepflichten zu Konzern- und Einzelunternehmen				
Angaben zum Geschäfts- oder Firmenwert				
5	Überleitungsrechnung des Buchwertes des GoFs	1		
	- Gesamte Anschaffungskosten	1		
	- Zugänge	1		
	- Abgänge	1		
	- Umbuchungen	1		
	- Kumulierte Abschreibungen	1		
	- Abschreibungen des Geschäftsjahres	1		
6	Angabe von Gründen von einer Nutzungsdauer > 5 Jahre		0	
Angaben zur Folgebewertung				
7	Angabe einer außerplanmäßigen Abschreibung auf den GoF	1		
Σ		10	2	0
Publizitätskennzahl			**83 %**	
Konkretisierung § des 301 Abs. 3 durch das DRSC				
8	Angabe der Abschreibungsdauer	1		
9	Angaber der Abschreibungsmethode, sowie die Begründung falls eine andere als die lineare gewählt wurde	1		
10	Angaben zu einem passiven Unterschiedsbetrag			x
11	Falls **erstmaliger Einbezug** eines Unternehmens, **spezielle Angaben zu:**			
	- GoF-Erst- und Folgebewertung		0	
	- Auswirkungen auf GuV		0	
	- Rückstellungen zu Restrukturierungsmaßnahmen		0	
12	Spezielle Angaben zur Unternehmensveräußerung			x

*Überwiegt die Anzahl positiver Merkmale, so wird **Punkt 4** der Checkliste entsprechend positiv bewertet.*

Callax Telecom GmbH (HGB)-Konzernabschluss			
Angabepflichten zu Konzernunternehmen	**1**	**0**	**x**
Allgemeine Angaben zum Konsolidierungskreis			
1 Name des in den Konzernabschluss einbezogenen Unternehmens	1		
2 Sitz des in den Konzernabschluss einbezogenen Unternehmens	1		
3 Anteil des in den Konzernabschluss einbezogenen Unternehmens	1		
Angaben zum Geschäfts- oder Firmenwert			
4 Erläuterung des Geschäfts- oder Firmenwertes inkl. wesentlicher Änderungen zum Vorjahr		0	
Angabepflichten zu Konzern- und Einzelunternehmen			
Angaben zum Geschäfts- oder Firmenwert			
5 Überleitungsrechnung des Buchwertes des GoFs			
- Gesamte Anschaffungskosten	1		
- Zugänge	1		
- Abgänge	1		
- Umbuchungen	1		
- Kumulierte Abschreibungen	1		
- Abschreibungen des Geschäftsjahres	1		
6 Angabe von Gründen von einer Nutzungsdauer > 5 Jahre		0	
Angaben zur Folgebewertung			
7 Angabe einer potentiellen außerplanmäßigen Abschreibung auf den GoF		0	
∑	9	3	0
Publizitätskennzahl	**75 %**		
Konkretisierung § des 301 Abs. 3 durch das DRSC			
8 Angabe der Abschreibungsdauer des GoFs		0	
9 Angabe der Abschreibungsmethode, sowie die Begründung falls eine andere als die lineare gewählt wurde		0	
10 Angaben zu einem passiven Unterschiedsbetrag			x
11 Falls **erstmaliger Einbezug** eines Unternehmens, **spezielle Angaben zu:**			
- GoF-Erst- und Folgebewertung		0	
- Auswirkungen auf GuV		0	
- Rückstellungen zu Restrukturierungsmaßnahmen		0	
12 Spezielle Angaben zur Unternehmensveräußerung			x

*Überwiegt die Anzahl positiver Merkmale, so wird **Punkt 4** der Checkliste entsprechend positiv bewertet.*

Colt Telecom GmbH (HGB)-Jahresabschluss			
Angabepflichten zu Konzernunternehmen	**1**	**0**	**x**
Allgemeine Angaben zum Konsolidierungskreis			
1 Name des in den Konzernabschluss einbezogenen Unternehmens			x
2 Sitz des in den Konzernabschluss einbezogenen Unternehmens			x
3 Anteil des in den Konzernabschluss einbezogenen Unternehmens			x
Angaben zum Geschäfts- oder Firmenwert			
4 Erläuterung des Geschäfts- oder Firmenwertes inkl. wesentlicher Änderungen zum Vorjahr			x
Angabepflichten zu Konzern- und Einzelunternehmen			
Angaben zum Geschäfts- oder Firmenwert			
5 Überleitungsrechnung des Buchwertes des GoFs			
- Gesamte Anschaffungskosten	1		
- Zugänge	1		
- Abgänge	1		
- Umbuchungen	1		
- Kumulierte Abschreibungen	1		
- Abschreibungen des Geschäftsjahres	1		
6 Angabe von Gründen von einer Nutzungsdauer > 5 Jahre		0	
Angaben zur Folgebewertung			
7 Angabe einer potentiellen außerplanmäßigen Abschreibung auf den GoF			x
∑	6	1	5
Publizitätskennzahl	**86 %**		

M-Net GmbH (HGB)-Jahresabschluss			
Angabepflichten zu Konzernunternehmen	**1**	**0**	**x**
Allgemeine Angaben zum Konsolidierungskreis			
1	Name des in den Konzernabschluss einbezogenen Unternehmens			x
2	Sitz des in den Konzernabschluss einbezogenen Unternehmens			x
3	Anteil des in den Konzernabschluss einbezogenen Unternehmens			x
Angaben zum Geschäfts- oder Firmenwert			
4	Erläuterung des Geschäfts- oder Firmenwertes inkl. wesentlicher Änderungen zum Vorjahr			x
Angabepflichten zu Konzern- und Einzelunternehmen			
Angaben zum Geschäfts- oder Firmenwert			
5	Überleitungsrechnung des Buchwertes des GoFs			
	- Gesamte Anschaffungskosten	1		
	- Zugänge	1		
	- Abgänge	1		
	- Umbuchungen	1		
	- Kumulierte Abschreibungen	1		
	- Abschreibungen des Geschäftsjahres	1		
6	Angabe von Gründen von einer Nutzungsdauer > 5 Jahre	1		
Angaben zur Folgebewertung			
7	Angabe einer potentiellen außerplanmäßigen Abschreibung auf den GoF			x
Σ		7	0	5
Publizitätskennzahl	**100 %**		

Anhang 7: Publizitätschecklisten IFRS

Telekom AG (IFRS)		1	0	x
Angaben zur Ermittlung des Geschäfts- oder Firmenwertes				
Allgemeine Angaben mit Hinblick auf **wesentliche** *Unternehmenszusammenschlüsse der Berichtsperiode (2009-2011)*				
1	Name des erworbenen Unternehmens	1		
2	Beschreibung des erworbenen Unternehmens		0	
3	Erwerbszeitpunkt	1		
4	Prozentsatz der erworbenen Anteile mit Stimmrecht	1		
5	Beschreibung der Faktoren die zur Erfassung des GoFs führen	1		
6	Beizulegender Zeitwert der gesamten übertragenen Gegenleistung, sowie Aufteilung in Gruppen	1		
7	Zusatzangaben für bedingte Gegenleistungen, Vermögenswerte für Entschädigungsleistungen oder erworbene Forderungen	1		
8	Die erfassten Beträge für jede Hauptgruppe von erworbenen Vermögenswerten und Schulden	1		
9	Zusatzangaben zu			
	- Eventualverbindlichkeiten			x
	- Unternehmenszusammenschlüsse < 100 %	1		
	- sukzessiven Unternehmenszusammenschlüssen			x
	- negativen GoF			x
10	Erlöse, Gewinn oder Verlust des erworbenen Unternehmens, welche seit dem Erwerbszeitpunkt in die Gesamtergebnisrechnung eingeflossen sind	1		
11	Bei unterjährig erworbenen Unternehmen - Darstellung der Erlöse, Gewinne oder Verluste als wenn der Erwerbszeitpunkt am Anfang der Periode gewesen wäre	1		
12	Bei unwesentlichen Unternehmenszusammenschlüssen müssen die Angaben des IFRS 3.B64 in zusammengefasster Form gemacht werden		0	
13	Angaben zu Unternehmenserwerbe die zwischen dem Ende der Berichtsperiode und der Veröffentlichung des Abschlusses liegen			x
Angaben zur Überleitung des Buchwerts des Geschäfts- oder Firmenwertes				
14	Bruttobetrag des GoFs sowie die kumulierten Abschreibungen zu Beginn des Geschäftsjahres	1		
15	Während des laufenden Geschäftsjahres zugegangener GoF	1		
16	Berichtigungen aufgrund latenter Steueransprüche		0	
17	Geschäfts- oder Firmenwerte die abgegangen sind oder zur Veräußerung gehalten werden			
18	Wertminderungen gem. IAS 36	1		
19	Umrechnungsdifferenzen gem. IAS 21	1		
20	Sonstige Buchwertänderungen	1		
21	Bruttobetrag des GoFs sowie die kumulierten Abschreibungen am Ende des Geschäftsjahres	1		
Angaben zur Folgebewertung des Geschäfts- oder Firmenwertes				
Allgemeine Angaben zur Folgebewertung				
22	Umstände die zur Erfassung der Wertminderung geführt haben	1		
23	Höhe des erfassten Wertminderungsaufwand	1		
24	Beschreibung der vom Wertminderungsaufwand betroffenen ZMGE		0	
25	Angaben zu Änderungen der Zusammensetzung von ZMGE			x
26	Angaben zu jenen Teilen des Geschäfts- oder Firmenwertes, der noch nicht auf eine ZMGE verteilt wurde	1		
Spezielle Angaben für jede ZMGE der ein wesentlicher Anteil des Geschäfts- oder Firmenwertes zugeordnet wurde				
27	Buchwert des GoF s der auf eine ZMGE entfällt	1		
28	Falls erzielbarer Betrag = **Nutzungswert** dann:			
	- Beschreibung der Vorgehensweise wie das Unternehmen zu den Cashflow-Prognosen gelangt ist			x
	- Planungshorizont der Cashflow-Prognosen			x
	- Wachstumsrate, die zur Extrapolation der Cashflow-Prognosen zugrunde gelegt wurde			x
	- Diskontierungszinssatz			x
29	Falls erzielbarer Betrag = **Zeitwert abzüglich Verkaufskosten** dann:			
	- Beschreibung der Vorgehensweise wie das Unternehmen zum Zeitwert abzüglich Verkaufskosten gelangt ist und Angabe Gründe die zu einer möglichen veränderten Vorgehensweise geführt haben	1		
	Im Falle Ermittlung durch diskontierte Cashflow-Prognosen:			
	- Periode für die das Management Cashflows prognostiziert hat	1		
	- Wachstumsraten und Diskontierungszinssätze	1		
30	Angaben, falls veränderte Annahmen dazu geführt haben, dass der Buchwert des ZMGE den erzielbaren Betrag übersteigt und somit keine Abschreibung zu erfassen ist	1		
	$\sum$	25	4	9
	Publizitätskennzahl	**86 %**		

63

	Versatel AG (IFRS)	**1**	**0**	**x**
	Angaben zur Ermittlung des Geschäfts- oder Firmenwertes			
	Allgemeine Angaben mit Hinblick auf wesentliche Unternehmenszusammenschlüsse der Berichtsperiode (2009-2011)			
1	Name des erworbenen Unternehmens	1		
2	Beschreibung des erworbenen Unternehmens		0	
3	Erwerbszeitpunkt	1		
4	Prozentsatz der erworbenen Anteile mit Stimmrecht	1		
5	Beschreibung der Faktoren die zur Erfassung des GoFs führen	1		
6	Beizulegender Zeitwert der gesamten übertragenden Gegenleistung, sowie Aufteilung in Gruppen		0	
7	Zusatzangaben für bedingte Gegenleistungen, Vermögenswerte für Entschädigungsleistungen oder erworbene Forderungen			x
8	Die erfassten Beträge für jede Hauptgruppe von erworbenen Vermögenswerten und Schulden	1		
9	Zusatzangaben zu			
	- Eventualverbindlichkeiten			x
	- Unternehmenszusammenschlüsse < 100 %			x
	- sukzessiven Unternehmenszusammenschlüssen			x
	- negativen GoF			x
10	Erlöse, Gewinn oder Verlust des erworbenen Unternehmens, welche seit dem Erwerbszeitpunkt in die Gesamtergebnisrechnung eingeflossen sind	1		
11	Bei unterjährig erworbenen Unternehmen - Darstellung der Erlöse, Gewinne oder Verluste als wenn der Erwerbszeitpunkt am Anfang der Periode gewesen wäre		0	
12	Bei unwesentlichen Unternehmenszusammenschlüssen müssen die Angaben des IFRS 3.B64 in zusammengefasster Form gemacht werden		0	
13	Angaben zu Unternehmenserwerbe die zwischen dem Ende der Berichtsperiode und der Veröffentlichung des Abschlusses liegen			x
	Angaben zur Überleitung des Buchwerts des Geschäfts- oder Firmenwertes			
14	Bruttobetrag des GoFs sowie die kumulierten Abschreibungen zu Beginn des Geschäftsjahres	1		
15	Während des laufenden Geschäftsjahres zugegangener GoF	1		
16	Berichtigungen aufgrund latenter Steueransprüche		0	
17	Geschäfts- oder Firmenwerte die abgegangen sind oder zur Veräußerung gehalten werden	1		
18	Wertminderungen gem. IAS 36	1		
19	Umrechnungsdifferenzen gem. IAS 21		0	
20	Sonstige Buchwertänderungen	1		
21	Bruttobetrag des GoFs sowie die kumulierten Abschreibungen am Ende des Geschäftsjahres	1		
	Angaben zur Folgebewertung des Geschäfts- oder Firmenwertes			
	Allgemeine Angaben zur Folgebewertung			
22	Umstände die zur Erfassung der Wertminderung geführt haben	1		
23	Höhe des erfassten Wertminderungsaufwand	1		
24	Beschreibung der vom Wertminderungsaufwand betroffenen ZMGE	1		
25	Angaben zu Änderungen der Zusammensetzung von ZMGE			x
26	Angaben zu jenen Teilen des Geschäfts- oder Firmenwertes, der noch nicht auf eine ZMGE verteilt wurde			x
	Spezielle Angaben für jede ZMGE der ein wesentlicher Anteil des Geschäfts- oder Firmenwertes zugeordnet wurde			
27	Buchwert des GoFs der auf eine ZMGE entfällt	1		
28	Falls erzielbarer Betrag = **Nutzungswert** dann:			
	- Beschreibung der Vorgehensweise wie das Unternehmen zu den Cashflow-Prognosen gelangt ist			x
	- Planungshorizont der Cashflow-Prognosen			x
	- Wachstumsrate, die zur Extrapolation der Cashflow-Prognosen zugrunde gelegt wurde			x
	- Diskontierungszinssatz			x
29	Falls erzielbarer Betrag = **Zeitwert abzüglich Verkaufskosten** dann:			
	- Beschreibung der Vorgehensweise wie das Unternehmen zum Zeitwert abzüglich Verkaufskosten gelangt ist und Angabe Gründe die zu einer möglichen veränderten Vorgehensweise geführt haben	1		
	Im Falle einer Ermittlung durch diskontierter Cashflow-Prognosen:			
	- Periode für die das Management Cashflows prognostiziert hat	1		
	- Wachstumsraten und Diskontierungszinssätze	1		
30	Angaben, falls veränderte Annahmen dazu geführt haben, dass der Buchwert des ZMGE den erzielbaren Betrag übersteigt und somit keine Abschreibung zu erfassen ist			x
	∑	*19*	*6*	*13*
	Publizitätskennzahl	**76 %**		

64

United Internet AG (IFRS)			
Angaben zur Ermittlung des Geschäfts- oder Firmenwertes			
Allgemeine Angaben mit Hinblick auf **wesentliche** Unternehmenszusammenschlüsse der Berichtsperiode (2009-2011)	*1*	*0*	*x*
1	Name des erworbenen Unternehmens	1		
2	Beschreibung des erworbenen Unternehmens		0	
3	Erwerbszeitpunkt	1		
4	Prozentsatz der erworbenen Anteile mit Stimmrecht		0	
5	Beschreibung der Faktoren die zur Erfassung des GoFs führen		0	
6	Beizulegender Zeitwert der gesamten übertragenden Gegenleistung, sowie Aufteilung in Gruppen	1		
7	Zusatzangaben für bedingte Gegenleistungen, Vermögenswerte für Entschädigungsleistungen oder erworbene Forderungen			x
8	Die erfassten Beträge für jede Hauptgruppe von erworbenen Vermögenswerten und Schulden	1		
9	Zusatzangaben zu			
	- Eventualverbindlichkeiten			x
	- Unternehmenszusammenschlüsse < 100 %			x
	- sukzessiven Unternehmenszusammenschlüssen			x
	- negativen GoF			x
10	Erlöse, Gewinn oder Verlust des erworbenen Unternehmens, welche seit dem Erwerbszeitpunkt in die Gesamtergebnisrechnung eingeflossen sind	1		
11	Bei unterjährig erworbenen Unternehmen - Darstellung der Erlöse, Gewinne oder Verluste als wenn der Erwerbszeitpunkt am Anfang der Periode gewesen wäre	1		
12	Bei unwesentlichen Unternehmenszusammenschlüssen müssen die Angaben des IFRS 3.B64 in zusammengefasster Form gemacht werden		0	
13	Angaben zu Unternehmenserwerbe die zwischen dem Ende der Berichtsperiode und der Veröffentlichung des Abschlusses liegen			x
Angaben zur Überleitung des Buchwerts des Geschäfts- oder Firmenwertes			
14	Bruttobetrag des GoFs sowie die kumulierten Abschreibungen zu Beginn des Geschäftsjahres	1		
15	Während des laufenden Geschäftsjahres zugegangener GoF	1		
16	Berichtigungen aufgrund latenter Steueransprüche		0	
17	Geschäfts- oder Firmenwerte die abgegangen sind oder zur Veräußerung gehalten werden	1		
18	Wertminderungen gem. IAS 36	1		
19	Umrechnungsdifferenzen gem. IAS 21	1		
20	Sonstige Buchwertänderungen	1		
21	Bruttobetrag des GoFs sowie die kumulierten Abschreibungen am Ende des Geschäftsjahres	1		
Angaben zur Folgebewertung des Geschäfts- oder Firmenwertes			
Allgemeine Angaben zur Folgebewertung			
22	Umstände die zur Erfassung der Wertminderung geführt haben	1		
23	Höhe des erfassten Wertminderungsaufwand	1		
24	Beschreibung der vom Wertminderungsaufwand betroffenen ZMGE		0	
25	Angaben zu Änderungen der Zusammensetzung von ZMGE			x
26	Angaben zu jenen Teilen des Geschäfts- oder Firmenwertes, der noch nicht auf eine ZMGE verteilt wurde			x
Spezielle Angaben für jede ZMGE der ein wesentlicher Anteil des Geschäfts- oder Firmenwertes zugeordnet wurde			
27	Buchwert des GoFs der auf eine ZGE entfällt	1		
28	Falls erzielbarer Betrag = **Nutzungswert** dann:			
	- Beschreibung der Vorgehensweise wie das Unternehmen zu den Cashflow-Prognosen gelangt ist	1		
	- Planungshorizont der Cashflow-Prognosen	1		
	- Wachstumsrate, die zur Extrapolation der Cashflow-Prognosen zugrunde gelegt wurde	1		
	- Diskontierungszinssatz	1		
29	Falls erzielbarer Betrag = **Zeitwert abzüglich Verkaufskosten** dann:			
	- Beschreibung der Vorgehensweise wie das Unternehmen zum Zeitwert abzüglich Verkaufskosten gelangt ist und Angabe Gründe die zu einer möglichen veränderten Vorgehensweise geführt haben			x
	Im Falle einer Ermittlung durch diskontierte Cashflow-Prognosen:			
	- Periode für die das Management Cashflows prognostiziert hat			x
	- Wachstumsraten und Diskontierungszinssätze			x
30	Angaben, falls veränderte Annahmen dazu geführt haben, dass der Buchwert des ZMGE den erzielbaren Betrag übersteigt und somit keine Abschreibung zu erfassen ist			x
∑	20	6	12
Publizitätskennzahl	**77 %**		

65

Kabel Deutschland AG (IFRS)			
Angaben zur Ermittlung des Geschäfts- oder Firmenwertes	**1**	**0**	**x**
Allgemeine Angaben mit Hinblick auf **wesentliche** Unternehmenszusammenschlüsse der Berichtsperiode (2009-2011)			
1 Name des erworbenen Unternehmens			x
2 Beschreibung des erworbenen Unternehmens			x
3 Erwerbszeitpunkt			x
4 Prozentsatz der erworbenen Anteile mit Stimmrecht			x
5 Beschreibung der Faktoren die zur Erfassung des GoFs führen			x
6 Beizulegender Zeitwert der gesamten übertragenden Gegenleistung, sowie Aufteilung in Gruppen			x
7 Zusatzangaben für bedingte Gegenleistungen, Vermögenswerte für Entschädigungsleistungen oder erworbene Forderungen			x
8 Die erfassten Beträge für jede Hauptgruppe von erworbenen Vermögenswerten und Schulden			x
9 Zusatzangaben zu			
- Eventualverbindlichkeiten			x
- Unternehmenszusammenschlüsse < 100 %			x
- sukzessiven Unternehmenszusammenschlüssen			x
- negativen GoF			x
10 Erlöse, Gewinn oder Verlust des erworbenen Unternehmens, welche seit dem Erwerbszeitpunkt in die Gesamtergebnisrechnung eingeflossen sind			x
11 Bei unterjährig erworbenen Unternehmen - Darstellung der Erlöse, Gewinne oder Verluste als wenn der Erwerbszeitpunkt am Anfang der Periode gewesen wäre			x
12 Bei unwesentlichen Unternehmenszusammenschlüssen müssen die Angaben des IFRS 3.B64 in zusammengefasster Form gemacht werden		0	
13 Angaben zu Unternehmenserwerbe die zwischen dem Ende der Berichtsperiode und der Veröffentlichung des Abschlusses liegen			x
Angaben zur Überleitung des Buchwerts des Geschäfts- oder Firmenwertes			
14 Bruttobetrag des GoFs sowie die kumulierten Abschreibungen zu Beginn des Geschäftsjahres	1		
15 Während des laufenden Geschäftsjahres zugegangener GoF	1		
16 Berichtigungen aufgrund latenter Steueransprüche		0	
17 Geschäfts- oder Firmenwerte die abgegangen sind oder zur Veräußerung gehalten werden	1		
18 Wertminderungen gem. IAS 36	1		
19 Umrechnungsdifferenzen gem. IAS 21		0	
20 Sonstige Buchwertänderungen	1		
21 Bruttobetrag des GoFs sowie die kumulierten Abschreibungen am Ende des Geschäftsjahres	1		
Angaben zur Folgebewertung des Geschäfts- oder Firmenwertes			
Allgemeine Angaben zur Folgebewertung			
22 Umstände die zur Erfassung der Wertminderung geführt haben			x
23 Höhe des erfassten Wertminderungsaufwand			x
24 Beschreibung der vom Wertminderungsaufwand betroffenen ZMGE			x
25 Angaben zu Änderungen der Zusammensetzung von ZMGE			x
26 Angaben zu jenen Teilen des Geschäfts- oder Firmenwertes, der noch nicht auf eine ZMGE verteilt wurde			x
Spezielle Angaben für jede ZMGE der ein wesentlicher Anteil des Geschäfts- oder Firmenwertes zugeordnet wurde			
27 Buchwert des GoF sder auf eine ZMGE entfällt	1		
28 Falls erzielbarer Betrag = **Nutzungswert** dann:			
- Beschreibung der Vorgehensweise wie das Unternehmen zu den Cashflow-Prognosen gelangt ist			x
- Planungshorizont der Cashflow-Prognosen			x
- Wachstumsrate, die zur Extrapolation der Cashflow-Prognosen zugrunde gelegt wurde			x
- Diskontierungszinssatz			x
29 Falls erzielbarer Betrag = **Zeitwert abzüglich Verkaufskosten** dann:			
- Beschreibung der Vorgehensweise wie das Unternehmen zum Zeitwert abzüglich Verkaufskosten gelangt ist und Angabe Gründe die zu einer möglichen veränderten Vorgehensweise geführt haben	1		
Im Falle einer Ermittlung durch diskontierte Cashflow-Prognosen:			
- Periode für die das Management Cashflows prognostiziert hat		0	
- Wachstumsraten und Diskontierungszinssätze	1		
30 Angaben, falls veränderte Annahmen dazu geführt haben, dass der Buchwert des ZMGE den erzielbaren Betrag übersteigt und somit keine Abschreibung zu erfassen ist			x
$\sum$	9	4	25
Publizitätskennzahl	**69 %**		

66

Freenet AG (IFRS)	1	0	x
Angaben zur Ermittlung des Geschäfts- oder Firmenwertes			
*Allgemeine Angaben mit Hinblick auf **wesentliche** Unternehmenszusammenschlüsse der Berichtsperiode (2009-2011)*			
1 Name des erworbenen Unternehmens			x
2 Beschreibung des erworbenen Unternehmens			x
3 Erwerbszeitpunkt			x
4 Prozentsatz der erworbenen Anteile mit Stimmrecht			x
5 Beschreibung der Faktoren die zur Erfassung des GoFs führen			x
6 Beizulegender Zeitwert der gesamten übertragenden Gegenleistung, sowie Aufteilung in Gruppen			x
7 Zusatzangaben für bedingte Gegenleistungen, Vermögenswerte für Entschädigungsleistungen oder erworbene Forderungen			x
8 Die erfassten Beträge für jede Hauptgruppe von erworbenen Vermögenswerten und Schulden			x
9 Zusatzangaben zu			
- Eventualverbindlichkeiten			x
- Unternehmenszusammenschlüsse < 100 %			x
- sukzessiven Unternehmenszusammenschlüssen			x
- negativen GoF			x
10 Erlöse, Gewinn oder Verlust des erworbenen Unternehmens, welche seit dem Erwerbszeitpunkt in die Gesamtergebnisrechnung eingeflossen sind			x
11 Bei unterjährig erworbenem Unternehmen - Darstellung der Erlöse, Gewinne oder Verluste als wenn der Erwerbszeitpunkt am Anfang der Periode gewesen wäre			x
12 Bei unwesentlichen Unternehmenszusammenschlüssen müssen die Angaben des IFRS 3.B64 in zusammengefasster Form gemacht werden			x
13 Angaben zu Unternehmenserwerbe die zwischen dem Ende der Berichtsperiode und der Veröffentlichung des Abschlusses liegen			x
Angaben zur Überleitung des Buchwerts des Geschäfts- oder Firmenwertes			
14 Bruttobetrag des GoFs sowie die kumulierten Abschreibungen zu Beginn des Geschäftsjahres	1		
15 Während des laufenden Geschäftsjahres zugegangener GoF	1		
16 Berichtigungen aufgrund latenter Steueransprüche		0	
17 Geschäfts- oder Firmenwerte die abgegangen sind oder zur Veräußerung gehalten werden	1		
18 Wertminderungen gem. IAS 36	1		
19 Umrechnungsdifferenzen gem. IAS 21		0	
20 Sonstige Buchwertänderungen	1		
21 Bruttobetrag des GoFs sowie die kumulierten Abschreibungen am Ende des Geschäftsjahres	1		
Angaben zur Folgebewertung des Geschäfts- oder Firmenwertes			
Allgemeine Angaben zur Folgebewertung			
22 Umstände die zur Erfassung der Wertminderung geführt haben			x
23 Höhe des erfassten Wertminderungsaufwand			x
24 Beschreibung der vom Wertminderungsaufwand betroffenen ZMGE			x
25 Angaben zu Änderungen der Zusammensetzung von ZMGE			x
26 Angaben zu jenen Teilen des Geschäfts- oder Firmenwertes, der noch nicht auf eine ZMGE verteilt wurde		0	
Spezielle Angaben für jede ZMGE der ein wesentlicher Anteil des Geschäfts- oder Firmenwertes zugeordnet wurde			
27 Buchwert des GoFs der auf eine ZMGE entfällt	1		
28 Falls erzielbarer Betrag = **Nutzungswert** dann:			
- Beschreibung der Vorgehensweise wie das Unternehmen zu den Cashflow-Prognosen gelangt ist			x
- Planungshorizont der Cashflow-Prognosen			x
- Wachstumsrate, die zur Extrapolation der Cashflow-Prognosen zugrunde gelegt wurde			x
- Diskontierungszinssatz			x
29 Falls erzielbarer Betrag = **Zeitwert abzüglich Verkaufskosten** dann:			
- Beschreibung der Vorgehensweise wie das Unternehmen zum Zeitwert abzüglich Verkaufskosten gelangt ist und Angabe Gründe die zu einer möglichen veränderten Vorgehensweise geführt haben	1		
Im Falle einer Ermittlung durch diskontierte Cashflow-Prognosen:			
- Periode für die das Management Cashflows prognostiziert hat	1		
- Wachstumsraten und Diskontierungszinssätze	1		
30 Angaben, falls veränderte Annahmen dazu geführt haben, dass der Buchwert des ZMGE den erzielbaren Betrag übersteigt und somit keine Abschreibung zu erfassen ist			x
$\sum$	10	3	25
Publizitätskennzahl	**77 %**		

Anhang 8: Anzahl der ZMGE (2009-2011)

IFRS		
	2009	*2010*	*2011*
Telekom AG	20	19	16
Versatel AG	3	2	2
Freenet AG	2	2	2
Kabel Deutschland AG	3	2	2
United Internet AG	7	8	8
Ø	7	6,6	6